中国科普研究所委托项目（190109EZR027）

金融科普模式研究

Research on the Popularization Mode of Financial Science

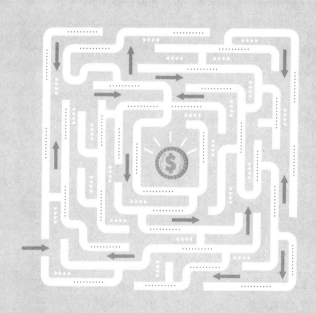

吴忠群　田光宁　冯　静　史富莲　著

知识产权出版社

全国百佳图书出版单位

—北京—

图书在版编目（CIP）数据

金融科普模式研究/吴忠群等著 . —北京：知识产权出版社，2020.8
ISBN 978-7-5130-7134-5

Ⅰ.①金…　Ⅱ.①吴…　Ⅲ.①金融学—科普工作—工作模式—研究　Ⅳ.①F830-31

中国版本图书馆 CIP 数据核字（2020）第 161204 号

责任编辑：石陇辉　　　　　　　责任校对：谷　洋
封面设计：曹　来　　　　　　　责任印制：刘译文

金融科普模式研究

吴忠群　田光宁　冯　静　史富莲　著

出版发行：	知识产权出版社有限责任公司	网　　址：	http：//www.ipph.cn
社　　址：	北京市海淀区气象路 50 号院	邮　　编：	100081
责编电话：	010-82000860 转 8175	责编邮箱：	shilonghui2009@163.com
发行电话：	010-82000860 转 8101/8102	发行传真：	010-82000893/82005070/82000270
印　　刷：	三河市国英印务有限公司	经　　销：	各大网上书店、新华书店及相关专业书店
开　　本：	720mm×1000mm　1/16	印　　张：	12
版　　次：	2020 年 8 月第 1 版	印　　次：	2020 年 8 月第 1 次印刷
字　　数：	190 千字	定　　价：	89.00 元

ISBN 978-7-5130-7134-5

前　言

近几十年的全球化发展已经形成一个不可逆转的态势，资源配置方式发生了革命性变化，金融已经成为配置资源的根本途径，金融机构、金融服务与金融产品类别不断丰富。与此同时，居民和企业积累起来的财富规模持续增长，对金融的需求与日俱增，金融已经成为与普通人息息相关的事务，远远超出传统印象中的存款、储蓄范围，从衣食住行到生产经营几乎每一个领域都有金融的影子，可以说，金融已经成为每个人生活中不可忽视的重要成分。正因如此，国际社会才开始大张旗鼓地推进普惠金融，而且几乎立即得到全球响应。但同时，金融服务和金融产品变得越来越复杂，对参与者的金融素养提出了更高的要求。除此之外，还有不法分子设计的五花八门的金融骗局，如果缺乏必要的金融知识，很容易上当受骗。然而，截至目前，在包括 G20 国家在内的全球范围内的调查均显示，绝大部分人对基本的金融知识掌握得很不够，大部分人缺乏金融意识，更缺乏长远的规划和作出正确金融决策的能力。这不仅损害了公众自身的福祉，而且对金融、经济和社会稳定产生负面影响。尤其需要注意的是，在互联网金融扩张迅速的背景下，金融骗局的隐蔽性和欺骗性在增强，通过"巧立名目""自我包装""广告宣传"，令广大投资者眼花缭乱、难以分辨，并借助互联网进行更广泛和更迅速的传播。金融骗局对社会的危害性越发严重，仅仅依靠金融监管和"公检法"打击惩治难以从源头上遏制，而且成本高昂。理论分析和实践经验均表明，向全社会普及金融知识以促进金融稳定，进而确保经济和社会的和谐、可持续发展，有着越来越突出的必要性和重要性。正是基于上述原因，国际社会自 2009 年以来持续不断地推动金融科普发展，我国则从 2013 年开始在每年 9 月统一开展全国性的"金融知识普及月"活动，此外还有其他一些与金融科普相关的活动。

2015 年，国务院办公厅发布了《国务院办公厅关于加强金融消费者权益保护工作的指导意见》（国办发〔2015〕81 号），明确提出"要将金融知识普及教育纳入国民教育体系，切实提高国民金融素养"。

综上所述，推进金融科普是经济和社会进一步发展的必然而迫切的要求。金融知识的普及，将有助于加强金融消费者权益保护工作，有助于防范和减少金融骗局造成的风险和危害，有助于普惠金融的落实，对维护每个人的金融福祉、提升消费者信心、促进公民的全面发展均具有积极意义。同时，金融知识的普及教育也关乎国家金融安全和稳定，是社会经济发展、深化金融改革和构建和谐社会的必然要求。基于这些考虑，我们以金融科普模式作为研究对象，对已有的金融科普模式进行系统梳理、研究和评价，总结经验、发现问题，判断其发展趋势，进而提出改进思路以及相关的政策建议。我们希冀这一工作能够加深人们对金融科普的认识，为金融科普理论建设和实践发展提供一定的参考和依据。

本书是一项集体成果，并得到中国科普研究所的立项支持，为此成立了专门的课题组，由吴忠群教授负责并组织实施，主要成员有田光宁副教授、冯静博士和史富莲副教授，李亭亭、原仙鹤、刘亚楠和马凌飞四位研究生不同程度地参与了调研和讨论。最终书稿在课题组集体讨论的基础上确定，各章撰写的具体分工是：吴忠群负责第一、四、六、七章，田光宁负责第五章，冯静负责第二章，史富莲负责第三章。

本书的完成得益于大量文献资料的帮助，还得益于有关企业、机构的合作与配合，以及很多人士的热情支持与鼓励。这里要特别感谢中国科普研究所的立项和资助。知识产权出版社的石陇辉编辑为本书的出版付出了辛勤努力。华北电力大学的相关职能部门对本书的完成给予了有力支持。在此一并表示感谢。

希望本书能够增加读者对金融科普及其相关问题的理解，为读者提供有价值的参考。由于作者的学识所限，书中错谬之处在所难免，请广大同人和读者批评指正，以便未来加以改进提高完善。

吴忠群

2020 年 8 月

目　录

第一章

导　论

第一节　什么是金融科普

金融科普是一个新概念。不论在科普界还是在金融界，长期以来都未对金融科普予以应有的重视，相关的研究更是十分薄弱。截至目前，在"中国知网"上能够查询到的真正研究金融科普问题的学术文章非常少，甚至在互联网上都没有关于金融科普的词条，❶ 可见学术界对于金融科普的系统性理解是相当缺乏的；而同时，小到街道社区的金融知识讲解，大到由多个部委联合发起的全国性金融科普活动，以及由个人或形形色色的团体推出的五花八门的金融知识科普，则已经如雨后春笋般层出不穷。理论的匮乏与行动的多样形成鲜明对照，人们在对金融科普缺乏理解的情况下，已经按照自己的意愿扮演了金融科普的角色（或许很多人并未意识到自己正在从事着金融科普活动）。凡此种种，说明金融科普理论研究严重滞后于实践的发展，这对于实践的发展是不利的，应该加以弥补。

为了准确理解金融科普的概念，有必要回顾一下"科普"概念的发展历程。在国际学术界，科普已经走过了三个阶段，从传统科普（第一阶段）经过第二阶段，即"公众理解科学"（Public understanding of science）的阶段，过渡到以"公众参与科学"为特征的第三阶段，即"科技传播"阶段（The

---

❶ 时间截至 2019 年年底。

communication of science and technology）。我国 2002 年颁布的《中华人民共和国科学技术普及法》（以下简称《科普法》），极大地丰富和深化了对科普的理解：首先拓展了科普本身的内涵，把倡导科学方法、传播科学思想、弘扬科学精神全部纳入科普的范畴，远超科学技术知识的范围，把社会科学也涵盖在内；❶ 其次深化了对科普方式的理解，把公众参与科学作为根本的科普方式；最后扩大了科普的实施主体，远不止科协一个机构，而是规定国家机关、武装力量、社会团体、企事业单位、农村基层组织等其他力量都负有科普职责。《科普法》为理解科普提供了权威的版本，更为金融科普研究提供了法律和政策依据。

综合以上分析，并广泛借鉴各种观点和言论，我们尝试对"金融科普"（Financial Science Popularization）定义如下：把金融学科的相关专业知识与实践经验，有意识地向公众宣传和普及，同时为大众参与金融相关活动与实践提供机会和平台。这里必须指出的是，金融科普不仅包括金融知识和技术，而且包括对待金融应有的科学思想、科学精神、科学方法、科学伦理以及科学应用等方方面面的内容。为了使这一抽象定义更为现实具体，以下从几个方面加以展开说明。

首先，应该如何理解和定位金融科普。根据之前关于科普的简短论述，我们认为理解金融科普至少有四个维度。

（1）全球维度。关于这一点最好的注解是 2013 年 G20 峰会形成的重要倡议《推进金融教育国家战略》，各成员国以及包括经济合作与发展组织（OECD）在内的国际组织，纷纷提出适应国际金融发展形势与需要的金融科普战略目标与顶层内容。其根本价值在于对金融科普的国际关注。也就是说，金融科普并非一国之专利与对策，而是有着全球视野和行动，因为金融本身就具有全球化的成分且在日益加深这一进程。任何金融科普如果没有对全球状况的考量都是行不通的。

（2）国家维度。这是站在本国根本利益和战略目标上，对金融科普发出的倡导、部署和政策安排。我国于 2013 年由中国人民银行牵头，会同原银监

---

❶　金融及其相关知识主要属于社会科学范畴，因此在《科普法》所定义的科普概念下，金融可以被看作是其中的一个组分。

会、证监会和原保监会共同研究拟定了《中国金融教育国家战略》，这是从国家维度对金融科普制定的发展方略，体现了国家意志、战略和目标。实际上，由于任何金融科普活动都是在某一具体国度实施的，因此不反映国家意图的金融科普是没有出路的。

（3）科学共同体维度。这是站在科学共同体的层面对金融科普的理解和定位。在金融科普领域，存在着大量的专业团体（包括各种 NGO、NPO），它们也有自己独立的理念和诉求，一定程度上这些诉求也是正当的和应当得到保护的。比如，科学共同体需要面对自身可持续发展的问题，需要树立和维护自身的形象，需要为自己争取有利的政策环境等。科学共同体作为知识的主要供给者，是金融科普关键的一环，其价值理念和利益关切必然反映到金融科普中。

（4）公众维度。大体上说，公众是金融科普的对象，但是现代科普理论并不认为公众在科普活动中是完全被动的。在"公众参与科学"这个意义上，公众完全有权利也有能力实践自己的价值诉求，他们对金融科普做出自己的理解并参与到实践中去，因此金融科普必须也必然要反映公众的需求。近来有人主张金融科普"应以保护投资者为本"，就是从公众维度提出的。

从上述分析中可以看出，金融科普是一个从公众个体到全球层次的认知、实践和互动过程，站在不同的立场上，不仅视野不同，而且诉求也不同，这必然会造成金融科普定位的"众口难调"局面。为了使这一过程更为积极而富于建设性，应该注意不同层次利益的相容性和一致性，以科学的精神予以联结和融合。这一点在国家金融科普战略的制定上至关重要，对金融科普的定位是否足够正确、深远，从根本上决定着金融科普的效率和长期发展态势。从国际趋势看，促进"普惠金融"是当前比较被认可的定位，即让所有人都能享受到金融所带来的福利，这一定位远超过了"投资者保护"的范围，得到了国际的公认，应该作为我国金融科普的基本定位。

其次，金融科普应该包含哪些内容。现代科普理论认为，科普最根本的是科学精神。需要指出的是，"科学精神"是一个存在很多不同理解的概念，直到现在也存在很多争议，这里不过多展开。我们认为，科学精神的核心是以事实为根据认识世界（包括人类自身）的态度，具体表现是不迷信权威、教条、习俗等一切既有成见。对于金融科普，科学精神具体表现为对金融的意义和本质保持一种客观理性的态度，它直接决定着公众对金融的正确理解和合理运用，这是金融科普最根本的目的和价值所在，必须作为金融科普的首要内容。这些内容集中体现在金融的基本概念和基础知识上，包括什么是金融、金融功能、金融体系、金融风险、金融渠道、金融法规、金融权益、金融技术、金融伦理、金融文化、金融创新等。虽然科学精神表象上是一种态度，似乎很简单，实际上领会它比学习具体的科学知识难得多。因为它是对金融的总体规律和性质的高度概括和深刻感悟，需要不断地认识、实践，再认识、再实践，如此循环往复才能逐渐形成较为正确的理念，绝不是灌输一些看似漂亮的口号或教条可以达成的。也就是说，要想使公众对于金融抱持科学的精神，需要对金融的基本知识进行系统的编排和传授，并需要提供一定的实践环境，这样才能逐渐培养起对金融的正确认识，懂得金融知识，遵守金融法律，维护金融权益，防范金融风险，尊重金融伦理，锐意金融创新，所有这些构成了金融科学精神的基本内涵。而一谈及金融就必称"炒股""理财"的观点和做法是不可取的，它误导了金融科普的方向，并有可能加剧公众的浮躁心理。鉴于对具体内容的讨论超出了本书的范畴，不再展开。总之，有了这样一种科学精神，有助于公众形成正确的金融观，抑制浮躁情绪，树立风险意识。人们就不会轻信诈骗者的花言巧语，更不会在不了解基本信息的情况下盲从，也不会对金融活动产生排斥心理，并且懂得如何维护自身的正当金融权益，与此同时，也会抑制因无知贪婪而滋生的金融骗局。

科学精神是科学的灵魂，在科学精神之下是具体的科学思想、科学方法和科学技术知识等，它们是科学的血肉。灵魂与血肉是有机的整体，二者不可分离。因此金融科普的完整内容应该也必须涵盖包括金融科学精神、金融科学思想、金融科学理论、金融科学方法和金融科学技术知识在内的全部金融知识，如金融理念、金融原理、金融系统知识、金融市场与机构、资产定价知识、金融风险防范、金融交易方法、金融产品知识、金融工程技术、金融法规、金融伦理等。

再次，金融科普的表现形式有哪些。技术的进步、社会的发展和经济的增长为金融科普的实现提供了多姿多彩的形式。传统的金融科普形式包括办展览、制作板报、墙报、宣传栏，举办讲座，散发宣传单等，这些金融科普形式今天仍然广泛使用。近些年新发展的金融科普形式主要有每年一次的"金融知识普及月"（一般9月）、"反假人民币宣传月"（一般9月）、"'6·14'信用记录关爱日"（6月14日）。活动中采用多种宣传手段，包括传统的手段，如挂横幅、拉条幅、发宣传资料、办讲座等，更采用了电视、网络和移动通信手段，形成了立体化的传播形式。另外，在活动场所的选择上还有针对重点人群的考虑，如"进市场""进农村""进社区""进学校""进厂矿""进商户"等。随着实践的发展，新的金融科普模式还会不断涌现。总之，金融科普的形式是不拘一格的，凡是能够促进金融科普的形式都应该得到允许和保护。

最后，必须注意到的是，金融科普与自然科学技术知识科普的差别。金融知识属于社会科学，社会科学与自然科学的根本差别在于，前者是关于人与人之间关系的科学，直接触及人与人之间的相对权益和利害关系，伦理和价值属性是其本质。因此金融科普必须重视伦理和价值导向的正确性，否则可能适得其反。坚持正义、公平、共赢的理念是金融科普不可背离的根本价值导向。因此，金融科普的核心目标不应是教授"炼金术"，而应该教会公众诚信、防骗、守法的金融风险意识，融通、平等、分享的伦理取向，创新、服务、融通的商业理念，增长、共赢、发展的价值理念，客观、求真、务实的科学精神，契约、责任、互助的仁爱情怀。离开了这些伦理和价值规范，片面追求"炼金术"，不仅本末倒置，而且十分危险，它将把公众引向唯利是图的邪路，助长"纸醉金迷"的贪婪意识，毒化社会空气，必须引起高度重视。求富是人的正常价值诉求，但是如果偏离了正确的伦理和道德轨迹，社会成本将是高昂的。近年来高发的金融骗局证明，如果只把金融当作"摇钱树"看待，会刺激不法分子不劳而获的心理，不择手段实施诈骗。而盲从的、做着"发财梦"的投资者成为受骗的"羔羊"，造成社会震荡，破坏正常的价值理念，加重了社会成本，不利于金融稳定、社会稳定，不利于金融发展，严重降低资源配置效率，尤其会造成公众的不安全感、不信任感，从根本上抑制了金融的活力和创造力。一段时间以来，不仅普通的公众对金融抱有错误认识，甚至很多金融机构都偏离了金融的本位，"脱实向虚""空转套利""监管套利"不仅浪费了宝贵的金融资源，而且降低了金融的效率、加剧了金融风险、刺激了社会浮躁情绪。总之，金融科普不是普及"摇钱树""炼金术"的观念。现代金融金融理论认为，金融是通过资金、资产及各种金融产品的交易实现资源配置、风险管理、增值保值的活动，它本身并不创造价值，只有在促进资源优化配置的时候才会产生价值，对社会发展有所贡献。因此金融科普必须贯彻这一理念，切不可本末倒置。

第二节　金融科普有什么意义

OECD 报告指出，由于认识到金融知识作为 21 世纪生活技能的重要性，认识到金融知识作为金融包容和消费者保护政策的补充作用，认识到金融知识对金融稳定的贡献，许多公共和非公共机构制定了金融教育倡议。截至 2013 年，全球已有超过 45 个国家制定了国家金融教育战略。基于对人口需求的评估，国家战略特别设计来利用相关的现有资源，以及剪裁和协调来自各种利益相关者的现有方案，以提高金融教育效率。据 OECD 预测，随着人们对于金融知识重要性认识的加深，会有越来越多的国家采取积极行动，制定相应的国家战略，并采取切实举措付诸实施，以满足其公民的金融知识需求。OECD 报告中所说的金融教育其实就是金融科普。

为了阐明金融科普的意义，我们从科普的意义谈起。《科普法》在总则中开宗明义地指出，科普对于实施科教兴国战略和可持续发展战略，提高公民的科学文化素质，推动经济发展和社会进步，具有重要意义。[1]《科普法》的这一立场已经为人们认识科普的意义提供了权威的指引。但这是一个高度浓缩的概括，而且它不是针对金融科普的专门倡导，为了易于理解，以下我们对金融科普的意义做出较为展开的说明。

首先，金融科普有助于提高全民金融科学素质。具体言之，金融科学素质是公民素质的重要组成部分，提高公民金融科学素质也就成为金融科学传播与普及最直接的目的。对于科学素质的早先定义往往强调对被冠以科学知识的技能的掌握程度，这是容易理解的。最初人们意识到科普的意义，就是

---

[1]　《中华人民共和国科学技术普及法》，https://baike.baidu.com/item/中华人民共和国科学技术普及法/7545232?fr=aladdin，发布时间：2002-6-29。

因为发现把一些技能传授给工人能够显著提高生产效率，才有了科普的动力，但是这一理解过于狭隘了。

1975年，森（B. Shen）对科学素质这一概念做出了革命性的新定义，他认为应该从三个角度观察科学素质。一是实用技能上的科学素质，即掌握使用科学知识解决实际问题的能力，从而满足人类生存和发展需要，在实际中就表现为对实用技术的掌握程度，这与早期的理解是一致的。对应于这一诉求，科普的意义就应该是传授和传播有用的技术，这在早期是非常普遍的理解。二是公民意识上的科学素质，即个体在掌握了一定的科学知识后，不满足于仅在个人遇到具体问题时应用这些知识加以解决，而是更进一步对社会治理乃至国家决策发挥作用，使公民对社会和国家有更为科学的认识，在公民权利的行使中融入科学的成分。这是早期的理解所未触及的内涵，因此可以看作是一个新观念，它强调公民在参与社会事务和国家治理中运用科学知识的能力和水平。与之对应，科普的意义在于唤醒或倡导公众对社会事务和国家治理的科学态度和科学参与，传授社会事务和国家决策中所需要的科学知识。三是文化品位上的科学素质，其本质是科学精神的外化，意指不仅满足于对科学的使用，即工具理性，而是把科学作为一种美去欣赏和追求，即价值理性。在这种情形下，科普的意义在于传播科学的文化意蕴和审美情趣，增进公众鉴赏科学之美的能力，发自内心喜爱科学，而不是迫于生计不得不接纳。在森的视野里，科学素质是立体的。

1983年，米勒（J. Miller）在总结前人的基础上构建了一个用于评价科学素质的模型，该模型把科学素质归纳为对科学知识的理解、对科学方法的掌握以及对科学与社会关系的理解三个维度，模型中使用具体指标来分别描述和测量各个维度。由于易于量化且简单明了，米勒模型被广泛引用，一度成为研究科学素质的基准。但是该模型比森的理论所包括的内容少，它没有纳入文化维度，这是一个缺失。在米勒分析框架下，科普的意义变得更易把握了，即增进对科学知识、科学方法、科学与社会关系的理解和掌握。显而易见，科普确实可以在这些目标上发挥作用。自米勒的模型发表以来，科学普及的内涵已从传统科普经过公众理解科学阶段走向了大众参与阶段，如美国、日本、荷兰等，越来越强调公众在科普中的主动性，乃至把获得科学知识作为公民的一项基本权利。与此相对应，主动参与科普并维护自身获取科学知识权益的意识也成为科学素质的一个衡量维度。

借鉴上述关于科学素质的理解，我们认为金融科学素质包括对金融知识的理解，对金融方法的掌握，对金融与社会关系的理解，对金融文化的接纳与喜爱，对金融权益的认识与维护。金融科学素质作为整体科学素质的一个组分，必然对整体产生一定的影响，而且由于金融在社会经济生活中处于重要地位，其影响是不应忽视的。上述金融科学素质不仅普通居民十分缺乏，即使一些金融从业者甚至金融机构都有迫切的提升必要，从这个意义上讲，金融科普将发挥巨大的推动作用。

其次，金融科普有助于增强公民获取和运用金融工具的意识和能力，这对于改善生活质量、实现全面发展十分重要。关于这一点，美国金融扫盲和教育委员会（FLEC）早在 2006 年就给出了很好的阐述。该委员会认为，个人和家庭的财务困难会显著地影响当地社区、区域市场和国家经济的财务状况，确保个人和家庭有机会获取可靠的财务信息、教育和工具是保证他们做出正确财务决策的前提，这一目标成为该委员会制定金融科普国家战略的重要指南。❶ 近来很多研究都发现，金融知识对于个人、家庭、企业的决策都具有显著影响。因此，以传播金融知识为重要使命的金融科普，必然对包括企业在内的广义公民的财务决策具有重要作用，进而促进其生活质量和自身发展的改善。

最后，金融科普有助于提升国家自主创新能力，对建设创新型国家、实现经济社会全面协调可持续发展、构建社会主义和谐社会具有重要意义。正是由于认识到科普对于实施科教兴国战略和可持续发展战略、推动经济发展和社会进步的重要性，我国于 2002 年在全球率先颁布了《科普法》，这是世界上第一部专门为科普设立的法律，说明我国对科普意义的深刻理解和高度重视。这绝不是一时的感悟所使然，而是基于对科普重大而长远意义的高瞻远瞩和深思熟虑，是长期实践探索和深刻理论思辨的必然结果。实际上，我国对科普一直十分重视。早在中华人民共和国成立初期，毛泽东同志以及很多其他中央领导同志都对科普工作非常重视；党的十一届三中全会以后，我国进入改革开放新时期，邓小平同志明确提出"科学技术是第一生产力"，这

---

❶ Russia's G20 Presidency, OECD. Advancing National Strategies for Financial Education, 2013.

为我国重视科普事业提供了思想上和理论上的指导。党的十八大以来，党和政府高度重视科学普及与公民科学素质建设的态度十分明确。在 2016 年召开的"科技三会"上，❶ 习近平总书记明确强调，要充分重视科学普及的重要性，把科学普及放在与科技创新同等重要的位置。2017 年 4 月 25 日，习近平总书记在中共中央政治局第四十次集体学习时指出，金融安全是国家安全的重要组成部分，是经济平稳健康发展的重要基础。维护金融安全，是关系我国经济社会发展全局的一件带有战略性、根本性的大事。❷

近来已有研究发现，金融知识不仅对公众的投资消费行为具有显著影响，而且对企业决策、创新动机等均具有重要作用。同时，金融是现代经济社会配置资源的根本形式，金融以货币和资产流动的方式把整个经济的每一个单元和细胞联系起来，是经济社会发展的核心运行机制，对国计民生和国家的长治久安均发挥着关键作用。但往往被忽略的一点是，金融越是发展，对公众的金融素养也要求越高，否则会急剧增加金融风险，包括个人的金融风险和整个金融体系的风险。近年来金融诈骗活动越演越烈，一个重要成因就是公众金融素养落后于金融发展速度，造成大量盲目投资，结果落入金融骗局，给公众生活和社会稳定造成了严重危害。比如，2018 年春季发生了由网络金融平台违约、诈骗激起的投资者集体维权、围堵金融机构的事件，不仅对金融运行产生影响，而且成为社会稳定的隐患。值得深思的是，为什么这些金融骗局会屡屡得手？我们研究发现，金融科普滞后是其中的重要原因。几乎所有研究者都认为，缺乏相关金融知识，导致公众的风险识别能力不强、防范风险与自我权益保护能力低下，为金融骗局兴风作浪提供了便利条件。金融知识的普及，能够显著提高公众识别金融骗局的能力，因此加强金融科普是遏制金融骗局的重要途径。

总之，金融科普向公众传播的不仅是金融知识，还包括科学的价值理念、风险防范意识、创新思想，这些对于良好金融生态的形成具有非常重要的意义，它将在相当程度上减少金融噪声和泡沫，使金融活动充满活力而又具有

---

❶ "科技三会"是指 2016 年 5 月召开的全国科技创新大会、两院院士大会、中国科协第九次全国代表大会。

❷ 习近平在中共中央政治局第四十次集体学习时强调 金融活经济活 金融稳经济稳 做好金融工作维护金融安全 [N]. 人民日报，2017-4-27.

很强的自我纠错能力，为维护金融繁荣与稳定起着潜移默化却又十分重要的基础性作用，对于促进国家治理能力的提升也有着积极而重要的意义。

第三节　什么是金融科普模式

本书所说的金融科普模式是指开展金融科普活动的基本方式，主要涉及组织形式、运行方式以及基本手段等议题。金融科普模式解决的是由谁负责、如何管理、如何运行等根本性问题，决定了科普活动的内在机制和外在表象。传统的金融科普模式包括"金融知识普及月""反假人民币宣传月""金融知识六进"等，因为它们规定了具体金融科普的基本方式，因此属于科普模式的范畴。需顺便指出的一点是，模式不是一个刻板的划定，根据需要可以归纳或构造不同的模式。比如上述三种模式也可以划归为"传统金融科普模式"这一概念下，同时它们每一个也可以看作具体的金融科普模式。

为了对金融科普模式有一个更清晰的认识，以下我们首先对已有文献中关于一般科普模式的基本观点加以简要概括，然后再从多角度对金融科普模式加以描述。

在科普界，按比较流行的一种观点把科普模式划分为三类：①中心广播模式，即由政府主导的自上而下组织实施的单向宣传式科普模式，主要宣传政府对科学技术的态度和立场；②欠缺模式，即由科学共同体主导的自上而下的教育和公关模式，主要宣传科学共同体对科学技术的立场和观点；③对话模式，即公众能够参与科学、对科学技术事务可以发表意见的模式，关注公众的态度和意见，谋求各种社会主体之间的协商、对话。

上述关于科普模式的划分固然有其价值所在，但这主要是从科普立场角度出发的一种分类。实际上还可以从其他角度进行划分，以使得对科普的认识更加立体、生动。

（1）从组织者的身份看，有政府组织模式、非政府机构或法人组织模式、公民个体组织模式。这里，政府组织的金融科普指由各级政府发起并实施的金融科普活动，如由中国人民银行牵头实施的"金融知识普及月"；非政府机构组织或法人的金融科普指由各种非政府法人机构发起并实施的金融科普活动，如一些网站发布金融科普文章或专题、开设专栏等；公民个体组织的金融科普指自然人实施的金融科普活动，如个人在自己的博客、微博上发布金融科普文章等。

（2）从运作的方式看，有集中式、分散式。所谓集中式是在一定时间内集中完成科普活动的模式，典型的做法是在"金融知识普及月"期间内集中举办各种科普活动。所谓分散式是在时间上比较分散地进行金融科普的模式，如电视节目中不定期地播放金融知识。

（3）从范围的大小看，有全国范围、省（区市）域范围、市（地）域范围，直至社区乃至更小的范围。比如，由中国人民银行牵头实施的"金融知识普及月"就是全国范围的，而由社区组织的金融防骗讲座就是社区范围的。

（4）从周期上看，有定期模式、非定期模式、持续模式。所谓定期模式是指经常性的且时间相对固定的金融科普活动，如有些地方每年举行的"金融知识进市场"活动；非定期模式指间或举办的金融科普活动，如偶尔组织的金融知识宣传单散发；持续模式是指不间断进行的金融科普活动，如建立固定网站在网上进行随时可查的金融知识传播活动。

（5）从传播载体上看，主要有：①讲演模式，即由相关专业人员向受众讲授金融知识，这种模式在"金融知识六进"活动中广泛采用；②海报模式，即散发或张贴纸质宣传材料，是社区或村镇进行金融科普普遍使用的载体；③出版发行模式，即采用书刊报纸及音像制品传播金融知识的方式，主要是金融相关科研教育机构、企业、专家学者等科学共同体成员采用的方式，他们把相关知识进行出版发行，向公众传播；④广播电视电影模式，即通过广播电视电影等方式宣传金融知识，是政府组织金融科普活动的重要方式之一；⑤互联网模式，即通过互联网传播金融知识，如建立网站或网页等，这是科学共同体成员广泛采用的金融科普方式；⑥新媒体模式，即通过短信、微信、电子邮箱等形式推送金融知识，是金融科普各种参与者都可使用的方式，具有即时性、便捷性、范围大、成本低等特点，其发展势头十分迅猛，将在金融科普乃至整个传播领域起着越来越重要的作用。

（6）从组织形态上，可以划分为点状结构、树状结构和网状结构三种模式。所谓点状结构是指单一法人或自然人的组织形态，没有分支机构的普通金融科普团体都属于这一模式，如基层的金融学会、协会、共同体、联盟等。这一组织形态的金融科普组织一般适合于小范围、定向性的金融科普活动，影响力很小，但是针对性很强。所谓树状结构是指具有分支机构的集团法人形态，主要是设有分支机构的全国性金融学会、大型金融企业（如大银行、大保险公司），以及金融行业主管部门内设的金融教育部门等。特点是穿透力强，专业性强，比较适合于对新金融知识或金融业务的普及传播，但其覆盖面仍然很有限，主要受众集中于会员或客户，非会员或客户则很少参与。所谓网状结构是指由专门机构领导的具有众多独立法人机构和个人参与的组织形式，一般由国家层面设立的专门机构领导，组织和协调众多社会主体参与金融科普活动。例如，美国的金融扫盲和教育委员会，它是根据 2003 年《公平和精准信贷交易法》（Fair and Accurate Credit Transactions Act）设立的，由多达 21 个联邦机构的负责人组成，包括美国财政部，消费者金融保护局，货币审计署，美联储，联邦存款保险公司，联邦应急管理机构，国家信用社管理局，证券交易委员会，教育部，农业部，国防部，健康和人力服务部，住房和城市发展部，内务、劳工和退伍军人事务部，联邦贸易委员会，总务管理局，小企业管理局，社会保障管理局，商品期货交易委员会，人事管理办公室，以及白宫国内政策委员会，其主要任务是建立、运行和维护全国金融教育网站（MyMoney.gov）和拟定全国金融教育战略，委员会由财政部部长任主席，副主席为消费者金融保护局局长，由财政部消费者政策办公室协调。MyMoney.gov 网站为普通居民和家庭准备了丰富多彩而且非常实用的内容。概括来说，这个网站是围绕着 MyMoney 的五大原则来组织的，包括收入（Earn）、储蓄和投资（Save & Investment）、支出（Spend）、保护（Protect）、借贷（Borrow）。网站以这五大原则为指引构建了内容服务的八大版块，其他三个版块分别是网站及基本信息说明、生活变故（Life Events）、工具（Tool），任何人可以很快地找到所需要的资源和工具来解决遇到的具体问题，还可以使用通用导航栏上的搜索区域直接转到有关财务决策的整个联邦资源集合。

以上是从理论上对金融科普模式的分类。如果站在国家的高度看，金融科普模式要更为复杂。根据 OECD 发布的相关报告，国家层面的整体金融科普模式包括多方面的考虑，它与国家金融科普战略的制定与实施融合为一体。❶ 首先是国家金融科普战略的准备，要求有领导或牵头机构负责推进此项工作，通常的做法是在国家层面设立一个专门机构，具体工作主要包括对现有条件进行规划和评审、对人口和主要政策问题进行评估、与包括公众在内的各类利益相关者进行协商、沟通与宣传等；其次是治理机制和利益相关者的角色定位，要求战略架构具有充分的灵活性并要适应国情，建立分工明确、责权匹配、协调透明、有组织有领导的治理机制，具体内容主要有领导和治理结构、协调利益相关者的角色和责任等；再次是战略实施的路线图，要求为战略框架制定可行的路线图，包括跨部门的远景、可考核的目标、优先事项的设定、相对应的目标受众、评估方法及资源的配备等，路线图应足够灵活，充分考虑到国家战略的动态背景（包括政治环境），及时进行审议和更新，保持其可持续性和连续性；最后是项目委派和评估机制，要求战略框架及其路线图为项目的委派、实施、评估提供方案指导，主要内容有委派方法以及相关的培训和工具、项目的监督和评价等。

　　我国全国性的金融科普活动始于 2013 年，当时由中国人民银行发起，把每年的 9 月定为"金融知识普及月"。之后，国务院办公厅发布了《国务院办公厅关于加强金融消费者权益保护工作的指导意见》（国办发〔2015〕81 号），提出"要将金融知识普及教育纳入国民教育体系，切实提高国民金融素养"，这是我国最早的国家层面对金融科普工作的指导性意见。如今，金融科普工作已经得到了许多部门的响应，2019 年中国人民银行、银保监会、证监会、国家网信办共同启动金融科普主题活动，标志着多部门联合开展金融科普活动的组织模式基本形成。其基本运行机制是，由相关部委联合发布公告，确定活动的主要目标和基本内容，统一部署，举行由银行业金融机构、保险公司、证券公司、支付机构代表和新闻媒体参加的活动发布会，分别由下设的职能部门负责落实（如中国人民银行金融消费权益保护局、银保监会消费者权益保护局、证监会投资者保护局、国家网信办网络社会工作局），组织各类金融机构开展金融知识普及。从历年来"金融知识普及月"开展的情况看，活动内容已经发展到金融保险基础知识、投资理财专业知识、风险和非法金融活动防范、网络安全知识等多方面。据组织者介绍，他们还会根据不同人

---

❶ OECD. National Strategies for Financial Education：OECD/INFE Policy Handbook，2015.

群的特点，制定针对性的宣传活动，力求为受众提供有价值的金融知识。

总体来看，我国金融科普模式处在一个中间阶段，在发展中国家中是最完善的，但是与美国等已经建立起全国领导性机构和网络化服务体系的国家相比，我国还有一定差距。当然我国也有自己的优势与特色，这是毋庸置疑的。我国金融科普主要的欠缺是：①没有建立专门的领导全国金融科普工作的组织机构；②没有建立起金融科普的全国性权威性网站。

必须指出的是，首先，金融科普模式是个仍在探索和演进中的新生事物，其分类也不止本书所提供的角度，但是本书无疑为理解和把握金融科普模式的基本内涵提供了参考和依据；其次，即使是比较先进的国家，其金融科普模式远未达到完美，需要改进的地方很多。以美国为例，虽然建立了全国统一的金融科普负责机构，并建立了内容丰富、功能较为全面的金融科普网站，但是对于金融科普模式的后评价等机制仍未建立，因此如何改进金融科普模式就缺乏科学依据。

第四节　为什么要研究金融科普模式

改革开放 40 多年来，我国的经济得到了巨大的发展，金融作为国民经济的命脉，其重要性不言而喻。随着经济的发展，我国经济发展已经进入结构调整、创新驱动的新常态，金融机构、金融服务与金融产品类别不断丰富，金融消费者在享受其便利服务的同时，也存在着金融机构经营管理不规范、金融骗局时有发生，金融消费者因缺乏相关金融知识，导致风险识别能力不强，风险防范与自我权益保护意识偏弱等亟须解决的问题。向全社会普及金融知识以促进金融稳定，进而确保经济和社会的和谐、可持续发展，有着越来越突出的必要性和重要性。特别是在互联网金融迅速扩张的背景下，金融骗局具有极强的隐蔽性和欺骗性，通过巧立名目、自我包装和广告宣传，令广大投资者眼花缭乱、难以分辨，并借助互联网进行更广泛和更迅速的传播，比之传统金融更严重地影响和危害金融稳定和社会安定。比如"e 租宝事件"，一年半内涉嫌非法集资 500 亿元、坑害 90 万名投资人，受害投资人遍布全国 31 个省（区市），损失惨重。防范这类骗局，加大金融科普的力度势在必行。

为此，中国人民银行从 2013 年开始，在每年 9 月统一开展全国性的"金融知识普及月"活动；2015 年，国务院办公厅发布了《国务院办公厅关于加强金融消费者权益保护工作的指导意见》（国办发〔2015〕81 号），明确提出"要将金融知识普及教育纳入国民教育体系，切实提高国民金融素养"。

综上所述，推进金融科普是经济和社会进一步发展的必然要求；金融科学知识的普及，将有助于加强金融消费者权益保护工作，有助于防范和化解金融骗局造成的风险，对提升消费者信心、维护金融安全与稳定、促进社会和谐公平和正义均具有积极意义；同时，金融知识的普及教育也关乎国家金融安全，是社会经济发展、深化金融改革、构建和谐社会的必然要求。金融科普模式研究旨在对已有的金融科普模式进行系统梳理、研究和评价，总结经验、发现问题，判断其发展趋势，进而提出改进思路以及相关的政策建议。这一工作将加深人们对金融科普的认识，为金融科普理论建设和实践发展提供一定的参考和依据。

一、加强金融科普模式研究的重要性

金融安全是国家安全的重要组成部分，对国计民生和社会稳定具有重大而深刻的影响，是国家治理体系和治理能力现代化的重要方面，应该高度重视并采取有效措施加以捍卫。当前及今后相当长的时期里，金融骗局是威胁金融安全的重要风险源，需要高度防范。据统计，在不断加强对金融骗局打击力度的情况下，金融骗局的总体发案量明显下降，从 2016 年的 1.4 万件下降到 2017 年的不到 1.2 万件，再下降到 2018 年的 0.84 万件。但是，涉案金额和新式骗局有上升势头，2018 年全国新发集资诈骗案件 5693 起、涉案金额 3542 亿元，同比分别增长 12.7% 和 97.2%；2019 年上半年全国非法集资新立案件 2978 起，涉案金额 2204.5 亿元，同比分别上升 18.5% 和 128.8%；与此同时，贷款诈骗和金融凭证诈骗发案量呈现上升势头。以上数据仅统计了被刑事立案的案件，如果把尚未触及或未被刑事立案的骗局考虑进来，则金融骗局的发案量及金额会更加庞大。

目前，对金融骗局的防控、监管和司法成本急剧上升，社会成本也因之显著加重。随着区块链技术的发展，由于其"去中心化""隐身性"等属性，将使对金融骗局的防控更加困难。应该探索防控金融骗局的补充机制，增进防控效率，降低防控成本，防止因加强金融安全而抑制金融效率，弱化金融创新。金融创新、金融安全与金融效率既相互制约又相互支持，不可偏废。高效的金融科普体制的建立有助于金融创新、金融安全与金融效率的实现。

纵观国内外金融安全的经验与教训，加强需求侧的教育和引导是防控金融骗局的重要方面。否则不仅防控的成本高昂，而且可能阻碍金融创新进程。例如美国，由于过于强调对供给侧的严监管而忽视对需求侧（公众）积极引导，造成其互联网金融业务发展迟滞，一定程度上削弱了美国经济的活力和竞争力。

高效的金融科普体制是增强需求侧对金融骗局免疫力的根本制度保障。这是由金融骗局发生和发展的客观规律所决定的。首先，金融骗局是供给侧对需求侧行骗，没有需求侧的响应，骗局无法完成。因此，如果需求侧具有较好的识别力，骗局将大面积地减少，高效的金融科普体制恰恰可以显著提升需求侧对骗局的识别力，从而增强其免疫力。其次，过于依赖对供给侧的监管，势必花费较高的成本并可能损害金融创新的活力，美国的做法就是前车之鉴。充分发挥金融科普的作用，一方面可以降低防控总成本，另一方面可以释放金融创新活力，尤其是为以区块链技术为代表的互联网金融创新提供有力支持。最后，提高需求侧的金融科学素质，不仅可以提高公众对骗局的免疫力，使很多骗局失去生存土壤，还具有促进金融技术创新，为新金融工具的使用提供广阔市场的功能。总之，建立高效的金融科普体制，将有力地促进金融安全、金融效率和金融创新，改善金融生态，对实现国家治理体系和治理能力现代化具有重要意义。

二、加强金融科普模式研究的必要性

目前国际上已有数十个国家在实施金融科普国家战略，并建立了相应的科普体制。与这些国家相比，我国金融科普体制相对落后，对于发挥金融科普的积极作用是很不利的。金融科普模式的研究是促进金融科普发展的基础性工作，其必要性主要表现在以下几方面。

第一，金融科普模式研究是制定国家金融科普战略的重要前提。目前全球已有数十个国家制定并实施了金融科普国家战略，一些国家已经完成了第一个战略并开始制定和实施第二个战略。相比之下，我国第一个战略还没有最后确定。正如 OECD 的报告所指出，一个好的战略的制定，事先必须对拟采用的金融科普模式做出全面的、恰当的评估，以便设计出可行的金融科普模式，在此基础上，结合其他方面的调查、测绘、评估、协商、交流等，最终完成战略的制定。截至目前，我国关于金融科普模式的系统研究还未见到，因此加强金融科普模式研究十分必要。

第二，金融科普模式研究是我国科普体制改造升级的必然要求。目前我国金融科普体制比较松散，还没有专门机构负责金融普及教育工作，缺乏明确的金融普及教育组织领导机构，金融知识的普及活动由"一行两会"等相关部门分散开展，绝大多数限于各自职责范围内，监管部门、自律组织、金融机构等在金融知识普及教育中的角色定位不甚明确，统一协调受到很大制约，难以形成整体合力。改造和升级我国现行金融科普体制势在必行，为此必须先摸清科普体制升级、提效的内外部条件和环境。其中科普模式是一个核心问题，它直接决定了科普体制的整体形态、改造思路以及效率，因此必然要求对金融科普模式做出系统性研究，为完善我国金融科普体制提供依据和参照。

第三，金融科普模式研究是提高金融科普效率的必然选择。目前，我国金融普及教育内容的实用性和系统性远远不够。由于没有明确的责任主体，目前已经开展的金融科普活动形式主义比较严重，活动主办者功利性太强，缺乏对科普内容的严谨设计，与公众需求明显脱节，价值低、效果差，不仅浪费了有限的人力、物力、财力，而且掩盖了金融科普的真实状况。比如，一些组织把科普活动办成了推销产品招揽生意的噱头，常常以金融科普之名行广告宣传之实，推销产品甚至散布错误信息，扭曲了金融科普的本意，正确的金融知识反而被屏蔽或淹没。要扭转这种局面，完善金融科普模式是一个关键环节，因此加强相关研究是必然选择。

第四，金融科普模式研究是提升金融科普效果的必然要求。目前，我国金融科普形式过于片面化、粗放化。由于没有明确的责任主体，金融科普活动承办者的本位主义十分突出，对于是否符合受众的需求、是否及时、有没有吸引力以及受众理解吸收的程度等，都不太关心，也没有专门的评估和反馈。在大众传播高度发达的今天，金融科普形式的片面化和粗放化面临社交媒体的严重冲击，导致金融科普活动的效果急剧下降，为错误信息、虚假信息的大肆传播提供了可乘之机。因此，探索适当的金融科普模式，是促进金融知识的有效传播、抑制形式主义、提升金融科普效果的必然要求。

第五，金融科普模式研究是金融科普事业健康发展的必然要求。在传统科普观念中，只有自然科学知识以及工程技术知识被作为科普的对象，金融学科由于不属于自然科学或工程技术，其相关知识的普及没有被包括在已有的科普视野内。因此我国现有的科普经费中没有用于金融科普的款项，目前金融科普的经费主要来源于各个牵头部门，包括各级政府及金融监管机构、中国人民银行及其各级分行、各省金融学会等，资金规模小且很分散，只能开展一些简单的活动，无法满足实际需求。不少地方本来就对科普工作的重要性缺乏足够的认识，缺乏必要的政策举措，特别是那些经济和教育水平偏低的地区，金融科普的资金支持几乎空白。由于缺乏可靠的资金支持和政策保障，金融科普的发展处于忽冷忽热的"情绪化"状态，不利于科普事业的健康发展。造成这一状况的重要原因之一是现行的金融科普模式不适应现实环境，因此加强模式研究以走出适合我国国情的金融科普之路十分必要。

第六，金融科普模式研究对于建立和完善金融科普的评价反馈机制具有重要意义。缺乏有效的评价反馈机制是目前我国金融普及宣传教育存在的普遍现象，其基本表现是重表面、轻实效，缺乏对普及教育效果的深入评估和反馈，简单的数据统计成为评估的核心指标和工作重点，如活动时间和范围、资料发放数量、组织讲座次数和受众人次等，而对公众受教育后的金融知识接受程度、是否真正理解、金融意识和行为有无变化等方面，还缺乏全面有效的后续评估、跟踪调查。对于整体上评估金融科普的效率和效益更是缺乏，包括投入产出效益还没有深入分析和权威发布。究其根源，上述问题是金融科普模式不科学、不完整所造成的。一个完整的金融科普模式应该包括评价和反馈机制，因此有必要加强金融科普模式研究，修补现有模式的缺陷。

综上所述，金融科普模式与金融科普的国家战略制定、总体质量和长远发展均有密不可分的关系，因此有必要加强金融科普模式研究，为完善我国金融科普体制、提高金融科普效率提供切实可行的理论参照、实践指导及政策建议。

三、金融科普模式研究需要解决的主要问题

尽管金融科普引起了很多国家的重视，OECD 还发布了各国的发展报告，但是总体上看，已有文献缺乏对金融科普模式的研究，直到目前国内外尚无针对金融科普模式的系统理论阐述或经验分析，这对于推进金融科普是一个明显缺失。鉴于此，本书认为应该首先对金融科普模式的基本问题做出一定的分析和总结，形成整体认识，填补这方面的空白，以期对实践有所助益并供理论研究和政策制定参考。基于上述考虑，我们提出以下议题作为本书探讨的重点。

（一）当前金融科普模式的现状及其发展趋势

首先，研究金融科普模式的现状。截至目前，无论从理论上还是实践上看，人们对金融科普模式的认识还很肤浅，对现状也不甚了解。只有对金融科普模式的现状有了一个比较准确的认识，才能为金融科普发展提供有价值的参考，因此这是迫切需要查明的问题。本书认为应该主要对以下具体内容做出研究：①现有的金融科普模式有哪些，如何分类，其具体运作机制是什么；②各类利益主体在不同金融科普模式中的作用和地位，包括政府、金融机构、社会团体和公众；③已有各种金融科普模式的效果和效率，包括评价效果和效率的方法；④已有金融科普模式的广度和深度以及地域、行业和受众特征；⑤对已有金融科普模式做出整体性概括，归纳总结其基本逻辑和总体特征。通过这些研究，形成对金融科普模式的全面和较为深入的认识。

其次，研究现有金融科普模式存在的问题。这是改进和完善金融科普模式必须回答的问题，主要包括以下几个方面的具体内容：①研究现有金融科普模式在运行机制方面存在的问题，具体包括人、财、物的投入以及组织和管理等诸多方面；②研究现有金融科普模式在效果和效率方面存在的问题；③研究现有金融科普模式在适应性和可持续发展能力方面存在的问题；④研究现有金融科普模式在广度和深度等方面存在的问题。

最后，研究金融科普模式的发展趋势。这是放眼金融科普长期可持续发展所必须回答的问题，主要包括以下几项内容：①金融科普模式的总体发展态势；②金融科普模式在组织和管理方面的发展趋势；③金融科普模式在技术手段以及媒介载体方面的发展趋势。

（二）金融骗局的典型形式及其成因

首先，研究金融骗局的形式。具体金融骗局五花八门、不胜枚举，难以一一细数，但根据金融骗局的实施手法、受骗者金融风险知识高低，以及骗局的表现形式，本书把金融骗局划分为以下三大类。通过这样的分类可以较为简便地对骗局的基本表现和本质特征做出刻画，为识别和防范这些骗局提供线索。

（1）贵金属交易骗局。这是一类以贵金属为主要特征的骗局类型。近几年现货白银、黄金投资盛行，不少投资客户都"血本无归"。其中投资者多为不了解贵金属市场操作手段、代理模式等基本金融知识，一心想赚钱的"大爷""大妈"们。

（2）原始股骗局。这是一类以原始股为诱饵的骗局。主要针对了解一点金融知识的投资者，只知道买股打新，却不了解股票交易的操作流程与运行机理，对自己的一知半解有着过度自信。

（3）互联网金融模式下的庞氏骗局。这是在互联网经济大背景下对庞氏骗局的创新，发案频繁，对社会的危害甚大。一些掌握金融知识的人，由于投机心理刺激，风险意识下降，也有可能受骗，如 2016 年的"巴铁"项目，最近的"旅游金融""e 租宝事件"等。特别是"巴铁"项目，更是有政府的背书。此类金融骗局，需要从其根本原因入手来防范。

其次，研究金融骗局的成因。主要从公众自身、监管以及金融知识普及程度三个方面展开研究。一是研究公众在金融骗局形成过程中所起的作用，从公众的一般特征出发，研究其卷入金融骗局的成因，诸如过度自信、证实偏差以及羊群效应等因素；二是从监管预警效率和金融诈骗成本两方面展开分析；三是研究金融知识普及程度与金融骗局事件之间的关系。

（三）金融科普的有效模式及其建立与运行方式

主要从以下三个方面研究如何推进金融科普的有效模式：①从实施主体、公众与金融科普模式效率的交互关系入手，研究制约金融科普效率的因素及其作用机制，分析提高金融科普效率的途径和措施等；②研究如何拓宽宣传普及渠道，分析何种传播方式可与公众进行有效互动，研究适宜不同群体的科普方式；③研究如何解决现行科普模式覆盖率低的问题，包括何种传播方式适合城市金融科普、何种传播方式适合农村金融科普，以及如何促进城乡金融科普的平衡发展，如何将金融科普纳入国民基础教育体制，探索保持金融科普广覆盖的长效机制。

（四）防范金融骗局的金融科普模式研究

研究如何通过金融科普的方法提高公众防范金融骗局的能力，提出可行的科普模式。首先，研究防范典型金融骗局的金融科普模式，包括庞氏骗局、贵金属交易骗局和原始股骗局等，分析模式设计中的关键环节和因素；其次，概括归纳各种金融骗局的共同点和特殊性，研究具有广谱性防范金融骗局的科普模式。

（五）如何促进金融科普模式发展

针对目前金融科普模式方面存在的问题，研究加以改进的相关建议，具体可以从以下几个方面入手：①研究优化金融科普模式所需要的政策环境，分析现行政策体系需要做出哪些调整及其可行性；②研究在实践层面优化金融科普模式需要注意的问题，包括实施主体、受众、内容和形式选择以及保障措施等；③研究优化金融科普模式所需要的激励机制及其相容性问题。

参考文献

[1] 刘国强. 我国消费者金融素养现状研究——基于2017年消费者金融素养问卷调查 [J]. 金融研究，2018（3）：1-20.

[2] 星焱. 普惠金融的效用与实现：综述及启示 [J]. 国际金融研究，2015（11）：24-36.

[3] 李继尊. 关于互联网金融的思考 [J]. 管理世界，2015（7）：1-7，16.

[4] 郭田勇，丁潇. 普惠金融的国际比较研究——基于银行服务的视角 [J]. 国际金融研究，2015（2）：55-64.

[5] 尹志超，宋全云，吴雨，彭嫱燕. 金融知识、创业决策和创业动机 [J]. 管理世界，2015（1）：87-98.

[6] 孟亦佳. 认知能力与家庭资产选择 [J]. 经济研究，2014，49（S1）：132-142.

[7] 王达. 影子银行演进之互联网金融的兴起及其引发的冲击——为何中国迥异于美国？[J]. 东北亚论坛，2014，23（4）：73-82，127.

[8] 巫伍华，李显耀，涂诗琪. 日本金融知识普及教育经验及对我国的启示 [J].

福建金融，2020（7）：62-67.

[9] 万丽. 浅谈几种金融知识普及渠道的优势及其局限性 [J]. 上海商业，2020（7）：56-58.

[10] 王钢，张恬，石奇. 金融知识能助推农村居民家庭参与互联网金融吗？——基于 2015 年中国家庭金融调查数据分析 [J]. 新疆财经，2020（3）：29-39.

[11] 贾宪军. 金融知识如何影响家庭参与理财市场？——基于 CHFS 数据的实证分析 [J]. 经济经纬，2020，37（4）：159-167.

[12] 张兵，生晗. 金融知识对城镇家庭财产性收入的影响研究——基于中国家庭金融调查（CHFS）数据 [J]. 金融发展研究，2020（6）：65-71.

[13] 陈蔚岚. 金融知识对大学生互联网消费金融风险防范意识的影响研究 [J]. 时代金融，2020（16）：20-22，33.

[14] 罗娟. 金融知识可以促进居民消费结构升级吗？——来自中国家庭金融调查数据的证据 [J]. 消费经济，2020，36（3）：63-73.

[15] 杨淑雯. 金融知识、风险态度与家庭信贷约束影响研究 [J]. 农村经济与科技，2020，31（8）：97-99.

[16] 尹志超，张号栋. 金融知识、自信心和家庭信贷约束 [J]. 社会科学辑刊，2020（1）：172-181，209.

[17] 罗荷花，伍伶俐. 金融知识促进深度贫困地区农村居民家庭创业吗？[J]. 上海金融，2020（1）：54-61，79.

[18] 王英，单德朋，庄天慧. 金融知识和社会网络对民族地区减贫的影响研究 [J]. 民族学刊，2020，11（1）：32-43，127-129.

[19] 崔静雯，徐书林，李云峰. 金融知识、有限关注与金融行为 [J]. 金融经济学研究，2019，34（6）：105-119.

[20] 王正位，王新程，廖理. 信任与欺骗：投资者为什么陷入庞氏骗局？——来自 e 租宝 88.9 万名投资者的经验证据 [J]. 金融研究，2019（8）：96-112.

[21] 曹源芳，蒋志芬. 非法集资风险的防范化解 [J]. 中国金融，2019（4）：85-86.

[22] 邓建鹏. 互联网金融背景下的高校金融普及教育 [J]. 清华金融评论，2017（6）：36-38.

[23] 廖理. 推动金融科技时代的金融普及教育 [J]. 清华金融评论，2017（6）：2.

［24］许均华. 金融普及教育应以投资者保护为本［J］. 清华金融评论, 2017 (6)：31-32.

［25］丁开艳, 薛杨阳. 迎接金融普及教育新时代［J］. 清华金融评论, 2017 (6)：14-15.

［26］赵金曼. 互联网金融普及现状分析及其建议［J］. 商场现代化, 2016 (28)：150-151.

［27］董玉峰, 路振家. 金融普及教育存在的问题、国际借鉴及对策［J］. 金融理论与教学, 2016 (1)：84-86.

［28］刘华杰. 论科学传播系统的"第四主体"［J］. 科学与社会, 2011, 1 (4)：106-111.

［29］刘华杰. 关于科学素养低的原因［J］. 科普研究, 2011, 6 (1)：9-10.

［30］刘华杰. 科学不是人——就科学和价值与张开逊老师商榷［J］. 科普研究, 2010, 5 (4)：85-87.

［31］陶旭忠. 农村商业金融呼唤科学精神和社会责任［J］. 湖北农村金融研究, 2008 (7)：4-6.

［32］申振钰. 对中国科普历史研究的思考［J］. 科普研究, 2006 (5)：3-10.

第二章

金融科普模式的现状及发展趋势

　　"科普"的内涵极其丰富，其定义至今并未形成统一的表述。在欧美学界，科普通常被称为"公众理解科学"（Public understanding of science）或"科技传播"（The communication of science and technology）。自 2002 年 6 月《科普法》颁布以来，科普的含义便从最初的"普及科学技术知识"，逐步拓展至涵括了"普及科学知识、倡导科学方法、传播科学思想、弘扬科学精神"的"四科"活动；科普方式也从易于公众理解、接受，扩宽到公众的参与；并且，科普工作和活动的各类主体不再局限于科协组织，还包括了国家机关、武装力量、社会团体、企业事业单位、农村基层组织及其他组织，并强调国家应支持社会力量兴办科普事业。

　　科普的主要功能一是在于提高我国国民的科学素养，通过增强公民获取并运用科学知识与技术的能力，从而达到改善人民生活状况、实现个人充分发展的目标；二是实现不断提升我国自主创新能力、增强国家核心竞争力这一愿景。因此，科普对于把握我国发展重要科技的战略机遇、提升综合国力、建设创新型的现代化国家，并推动经济社会的高质量和全面可持续发展，具有重要意义。根据 2018 年中国科协发布的第十次中国公民科学素质调查，截至当年，我国公民中"具备科学素质"的群体占比已经达到了 8.47%，而至少 10% 的公民具备科学素养，正是一国能否成为创新型国家的重要节点。

　　具体言之，作为公民素质的基本组成部分，科学素质的地位不言而喻，提高公民科学素质也因此成为科学传播与普及的最直接目的。科学素质的早期定义往往既包括科学技能也包括科学态度。1975 年，森提出三个广义范畴：一是实用科学素质，即具有能够解决实际问题的科学知识，从而满足人类生存的基本需要；二是公民科学素质，使公民对科学和与科学相关的议题具有更清晰的认知，可以更充分地参与日益技术化的公共社会的民主决策过程；三是文化科学素质，是指对科学的一种鉴赏态度。科学作为卓越的人类成就，必然具有文化引领作用与思想影响的作用。一言以蔽之，森把科学看作了人类文化最伟大的成就。[1] 1983 年，米勒在森的基础上提出了他的三维模型，即科学素质包括对科学知识的理解、对科学方法的掌握、对科学与社会关系的理解。[2] 该理论界定由于概括性强、直接明了，逐渐被各国广泛应用于公民科学素质的调查评测中。而后，科普工作和能力建设的重心逐渐由让公众接受科学、公众理解科学转为"公众参与科学"（Public Participation of Science），它强调社会的共同关注及体验、强调科学与人文的融合、强调公众对于科技事务的参与度——总结来说，强调的是科学与社会的互动关系。

目前，为了实现"在 2020 年年底前跻身创新型国家行列"的这一宏观目标，随着创新驱动发展战略的稳步推进，我国的经济增长方式正逐步从技术引进型转向自主创新型，从投资拉动型转移到依靠国家科技进步和提高劳动者的科学素质上来。这一战略不仅需要科技精英、创新人才和各领域的领军者勇做新时代的弄潮儿，同时更需要数以亿计的高素质劳动者和具备基本科学素质的广大民众作为其坚实基础和强大支撑。换言之，科技创新就相当于我国打造科技强国的"尖兵"和"突击队"，而科学普及的作用则在于筑牢"国民科学素质"这一强国之基。这就意味着，科普不到位，则科学素质低，因而科技创新难。

我国 2006 年颁布的《全民科学素质行动计划纲要（2006—2010—2020）》进一步指明，科普的目的在于使公众了解必要的科学技术知识，对于基本的科学方法做到融会贯通，同时要传播科学的思想，树立科学的精神，并且呼吁公民应当具有一定的应用"四科"处理实际问题、参与公共事务的能力。与以往相比，这一界定显然突出了科学技术知识与经济社会生活的高度融合与协同发展。

在《中国科协科普发展规划（2016—2020 年）》中，中国科协对五年内的科普工作进行了整体设计和全面部署。该规划明确指出，"十三五"期间，

---

[1]　Shen B S P. Science Literacy [J]. American Scientist, 1975, 63 (3): 265-268.

[2]　Jon D Miller. The American People and Science Policy: the Role of Public Attitudes in the Policy Process [J]. American Political Science Association, 1983, 4 (1).

为了实现 2020 年我国科普发展和公民科学素质达到创新型国家水平的指导方针，科普发展的目标任务是以《全民科学素质行动计划纲要（2006—2010—2020）》实施为主线，建成以科普信息化为引擎、普惠共享的现代科普体系，显著提升科普的国家自信力、社会感召力、公众吸引力，实现科普转型升级。同时，通过青少年、城镇劳动者、领导干部和公务员以及农民等重点人群的科学素质行动，去带动全民科学素质整体水平的持续提升，从而使得我国公民具备科学素质比例超过 10%，达到创新型国家的科学发展水平。❶

如今，党和政府高度重视科学普及与公民科学素质的建设。2016 年，在人民大会堂召开的"科技三会"上，习近平总书记不断强调，"科技创新、科学普及是实现创新发展的两翼，要把科学普及放在与科技创新同等重要的位置"。习近平总书记的重要讲话，阐释了科学普及、科技创新与实现创新发展的辩证关系——科学普及的深入和公民科学素质的提高，使得创新土壤更加扎实、创新实践更为有力，从而增强了社会发展的内在动力；而随着科技创新取得进展和突破，社会对创新价值和科学普及的认知和理解就更为充分。因此，科技创新和科学普及好比鸟之双翼、车之双轮，不可或缺、不可偏废其一。只有科学普及与科技创新齐头并进，才能广播创新的种子、放大创新的力量，为实现我国进入创新型国家行列和建成科技强国的宏伟目标，奠定更为坚实的群众基础与社会基础。

按照习近平总书记的总体要求，2017 年 5 月 8 日，科技部、中共中央宣传部制定并印发了《"十三五"国家科普和创新文化建设规划》。该规划主要明确了 2016 ~ 2020 年我国科普建设的目标理念、核心任务和重要措施，并以 10% 以上的中国国民具备科学素质为使命，推动贴近普罗大众的经常性和普遍性科普活动，广泛开展科学技术知识与方法普及的公众参与活动，以期提高全民科学素质的整体水平。该规划显示了政府对于推动科普工作多元化与日常化的决心，以及切实提升科普服务的全面性、精准性和有效供给能力，充分激发科普活力的新时代要求。

与此同时，随着金融在国民经济收入增长和居民、企业的投资及消费行为中的地位不断攀升，利用科普手段和方式向民众宣传普及基础的金融知识

---

❶ 选自《中国科协科普发展规划（2016—2020 年）》。

和最新出台的金融政策，对于提高全民金融素养、风险管理及征信意识、金融法治理念，预防并打击经济犯罪，防范系统性金融风险，维护金融体系安全和社会稳定发挥了极为重要的积极作用。

为实现与时俱进的科普目标，面向金融领域知识与应用的科普（以下简称金融科普），是大幅提升公民解决实际问题和参与公共事务所需能力，适应和引领经济发展新常态的必要手段。发展金融科普对推进大众创业、万众创新，引导全社会掌握并运用金融科技和享受金融发展的成果具有重要作用，对实现国内经济发展的动力转换、结构优化和速度变化，也具有积极意义。

在上述背景下，金融科普（Financial science popularization）可以界定为对金融学科的相关专业知识向社会大众进行通俗化传播和普及的活动。金融科普模式则是基于金融科普建立起来的集教育、宣传、服务为一体的运行机制和实体机构的统一。金融科普作为科学普及的重要组成部分和民众生产生活的必要构成因素，其有效与否，不仅关系着金融创新是否具备坚实的群众基础，也关系着我国在建设中国特色社会主义道路上的金融稳定和社会发展。特别是在经历过 2007 年爆发的次贷危机后，全社会对金融科普的需要更加迫切。

作为我国进一步加强科普能力、大力开展创新文化建设的时代要求，金融科普不仅代表了当前科普工作的多元化投入和科普事业的常态化发展，更有力地体现了新形势下民众对于科普产品与科普服务的结构优化、质量提升的新需求。金融科学素质身为公民科学素质中不可或缺的构成要素，它既是一个国家或地区"经济软实力"的体现，也反映了社会中个体所具备金融价值观的科学性。以全球性投资专业人士为成员的 CFA Institute 发布的研究数据显示，2019 年上半年全球金融从业人员总量在 4100 万人，而中国的整体数量占到了全球总量的 20%，已经超过美国成为金融从业人员最多的国家。倘若没有一国公民金融科学素质的普遍提升为金融的兴起与持续发展打下根基，就难以形成高素质的金融市场参与者和建设者群体，更难以真正提升国家的金融创新与经济实力。

根据中国人民银行发布的《中国金融稳定报告（2019）》，在全球经济金融动荡和市场风险加剧的背景下，国内经济下行压力加大，潜在风险隐患短时间内难以消除。因此，必须坚决防范化解重大金融风险，平衡"稳增长与防风险"的关系，把握杠杆率和风险点的度，进行经济结构转型，稳妥处置与化解重点领域的"灰犀牛"风险，牢牢守住不发生系统性金融风险的底线。同时，还要加强对于金融领域犯罪和腐败问题的惩治力度，最大限度地保护广大人民群众的合法权益。

在此环境下，如何大力深化金融科普、扩大金融科普受众和知识深度，是必须解决的刻不容缓的难题。推广金融科普的意义在于，通过提高公民对基本金融原理和实用知识的理解能力（如正确理解金融合同的权利和义务、了解理财产品的风险和收益、理解居民储蓄和投资的基本概念等）达到提升公民金融素养、增强公民获取和运用金融知识的能力的目的，从而能够防范金融诈骗等犯罪，促进公众合理利用并保护自身金融权利，形成全民了解经济、读懂政策的良好金融环境。同时，也为国家大力发展普惠金融、预防金融危机奠定坚实的群众基础，更有助于高质量地打好防范化解重大风险的攻坚战，助力普惠金融与金融扶贫的发展，最终实现我国经济增长的新旧动能转换。

因此，非常有必要从分析我国当前金融科普模式的发展状况和趋势入手，以金融科普存在的问题为切入点，逐层推进，有效实现推进金融科普模式创新和金融科普效率的提高。

第一节　金融科普模式的现状

一、现行金融科普模式分类

现行的金融科普模式主要有三大分类方式。

第一，以其是否有营利目的为依据，可以分为公益科普模式和产业科普模式。金融公益科普主要由各地政府或相关金融主管机构根据国内外经济形势和现阶段教育和民生发展的需要主办，所涉及的往往是金融学科知识最基础、最常识化的部分。例如，在四川省委宣传部联合四川省科技厅、四川省科协等单位发起的"科普之春"科普活动月中，四川省金融学会组织中国人民银行成都金融研究处、征信管理及货币金融处等政府单位，以深入浅出、通俗明了的方式向民众进行金融常规知识理念、金融征信与法规、反假币和诈骗知识的宣传。这种由金融从业人员主动向市民发放宣传资料、解读最新及备受关注的金融原理与政策的公益科普模式也得到了公众的热烈反响和诸多好评。❶

金融产业科普模式则由多方联合参与形成，特别是有金融机构的参与，为拓展相关产品和服务的需要而主办，涉及与各自开发的金融工具、产品有关的更专业的金融知识。在此模式下，具有代表意义的是创立于2005年、被誉为"中国金融第一展"的北京国际金融博览会（以下简称"金博会"），已经成为展示中国金融业发展，促进区域经济金融交流合作的重要平台。在各级政府、金融机构和百姓的大力支持下，2018年的金博会共有银行、证券、基金、保险等150余家金融机构参展，集中展示金融科技、普惠金融、服务实体经济等最新成果。金融科技、互联网的深度结合已成为众多金融机构推动创新、服务民生的必然选择。在金博会上，"金融科技体验展"邀请金融科技企业、金融机构、互联网金融企业展示以大数据风控、机器人理财、智能投顾、区块链应用等为代表的金融科技业态，以及科技与支付、借贷、零售银行、保险、财富管理、交易结算等众多金融领域的融合情况，运用高科技与人工智能为展览带来互动体验。据组委会介绍，智能柜员机、未来AI融资体验、自动建模机器人、智能财富管家、超级柜台、无人银行、云上银行等"黑科技"悉数登场……在防范化解金融风险成为金融机构及业内人士最关注的焦点时，2018年金博会的参展金融机构不约而同地将大数据风控、云技术风控、反欺诈系统等风控技术呈现给公众，从智能系统风险定价到"刷脸取款"，从能自动审贷、即时授信的智能银行机器人到通晓各类金融产品的投资保险机器人（如工商银行的"AI投"、中国银行的"中银慧投"等），在展会上纷纷亮相。在金融科技与互联网金融企业的技术成果展示的同时，百余家银行、保险、证券、信托等金融机构在金博会现场开展了数百场金融名家论坛和投资者教育活动，为投资者讲授非法集资案例，对其进行风险教育；同时提升市民投资意识，传播科学的理财观，满足市民对专业理财产品和服务

❶ 罗望. 四川省金融学会开展金融知识宣传活动［J］. 西南金融, 2006 (4): 45.

的需求，使金融机构与投资者实现双赢。❶

除此之外，"未来金融与智慧金融专项展"邀请银行、保险、证券基金期货信托等金融机构，以及大型科技与互联网金融企业，展示传统金融业务与服务的转型升级，推广基于互联网技术产生的创新产品与服务，以及金融机构在互联网金融、科技金融等方面的布局、规划及成果，全面展示我国未来金融与智慧金融发展取得的实践进展。为促进互联网金融业健康发展、满足小微企业和个人投资者的投融资需求，"互联网金融创新发展主题展"邀请网络银行、互联网保险、三方支付、网络借贷、众筹、消费金融等互联网金融机构参加展览，展示中国互联网金融业的最新发展成果，普及互联网金融理财风险。

金融产业科普不仅极大地拉近了普通老百姓与金融业的距离，让百姓在享受金融惠民的便利之余，更能深刻感受改革开放以来我国金融业的发展，理解当前所面临的新挑战和新机遇。未来，在金融科普的方式上，将由政府主导的以重大科普示范活动为典型朝周围群众扩散的传统单向科普，不断向着仅仅以政府为引导、大力促进全社会参与共建的常态化、经常性的新型科普模式转变；在金融科普的发展上，将由原先的主要开展公益性科普逐步向公益性科普与产业性科普事业双轨并行、齐头并进的科普发展轨迹的方向转变。

对此，一是要建立并完善国家强烈重视金融知识与金融技术工具的普及和创新、政府积极发挥科普统领与协调作用的政策支撑，并运用市场化手段广泛调动社会力量参与金融科普。二是要形成多元化投入机制和社会化、市场化、常态化、泛在化的科普工作局面，使企业、社会团体、个人等也成为金融科普投入的重要组成部分，从而打造社会各界广泛参与、科普活动广泛开展、金融创新建设深入推进的环境氛围。三是要从多维度满足公众快速增长的多元化、差异化、个性化的金融科普需求，尤其是针对大众所聚焦的全球经济波动、央行货币政策等时政热点问题和前沿互联网金融技术，如对区块链、数字货币等引发的社会关注进行快速响应，并努力建立与之相匹配的权威发声渠道和应急状况下的金融科普机制。四是要大力鼓励和支持金融科

---

❶ 北京国际金融博览会［EB/OL］. http://www.finexpo.com.cn/news/, 2018-10.

普类企业及其活动，不断开发金融科普新产品与服务，建设金融科普服务平台和科普产品市场，举办金融科普博览会、交流会，打造良好的科普激励政策体系的相关机制和金融科普设施、产品与服务的从研发、生产、推广到落地的全链条对接平台。

第二，以其宣传方式为依据，可以分为静态科普模式和动态科普模式（总称"场馆基地巡展流动站"）。和其他学科的科普模式一样，金融科普也存在动静两种传播方式，静态传播方式主要指场馆、基地等科普宣传形式，具体包括公共图书馆、图书阅览室、科技类场馆、博物馆、行业园区、科普画廊或宣传栏、展览馆、科技示范点、高校及科研院所实验室等线下固定场所。动态传播方式则主要指巡展、科普流动站、科普宣传车之类的无固定场所、便于移动的宣传形式。

一般来说，场馆、基地因其存在的持久性，可以涵盖更多的科普内容，吸引更大规模的科普投资，因此能服务于更深入、更专业的科普工作；而流动形式下的金融科普则因其灵活性、及时性、便于移动性使受众更为广泛，两者各有优势。

根据 2019 年 12 月 2 日科技部发布的"2018 年度全国科普统计数据"表明，目前我国的科普场馆正呈现出数量迅速增长、规模陆续扩大、参观人数稳步增加的特点。2018 年全国共有 1461 个科普场馆（即科技馆和科学技术类博物馆），科普场馆展厅面积总计达到 525.70 万平方米，平均来说，全国每 95.51 万人拥有一个科普场馆。其中，科技馆有 518 个，年度参观共计 7636.51 万人次，科学技术类博物馆总数为 943 个，年度参观高达 1.42 亿人次，超过我国人口的 10%。

同时，科研基础设施也在踊跃开放，科普与科技融合呈逐步深入的态势。目前通过组织科普活动向社会开放的科研机构和大学如雨后春笋般不断涌现，已经成为我国重大的科普资源构成部分和鼓励公众参与科学事务、提升公民科学素养的有效手段。2018 年，向社会公众开放、开展科普活动的全国科研机构和高校的数量共计 1.06 万个，覆盖参观共计 996.69 万人次。而随着科普活动的普遍展开，其受众群体的规模也在不断扩大。2018 年的科学普及工作形成了影响深远的社会效果，科普与科技讲座、科技活动周等各类科普活动与 2017 年相比，参加人数增幅达到 15.80%，共计 8.92 亿人次。其中，科普与科技讲座组织开展量为 91.01 万次，吸引了 2.06 亿人次的观众；而科普与科技专题展览则进行了 11.64 万次，参观量为 2.56 亿人次；与此同时，近 2600 次的国际交流科普活动的受众人数也产生了 93.66 万人次参加的良好社会效果。

上述背景为我国的金融科普提供了良好的科普活动的基础。就近年具体发展而言，金融科普活动宣传类型有以下五种：①金融科学知识成就展示型；②实用金融技术普及服务型；③金融科技交流洽谈型；④金融科普沙龙活动型；⑤金融科普示范榜样型。

金融科学知识成就展示型，是指通过图片和文献展示的方式，结合线上线下手段，普及金融科学的知识与技能、传播金融科学的思想及方法。可参考国外的"科学节"、国内的"科学展览会""科技成就展"，依靠现有的科普基础设施体系和国家特色科普基地，构建以全方位发展应用的综合性场馆为中心、以金融特色的科普场馆为支柱的科普服务体系。

实用金融技术普及服务型，是指在"全国科技周""科普活动月""科普夏令营""科技大篷车""科技一条街"等专项科普活动中，以金融科普人员为代表、以科技咨询为手段，集中时间、人力，向公众开展包括金融知识普及、案例解读、发放金融科普宣传资料和提供金融技术服务等多种模式在内的科普活动。如金博会的"金融科技体验展""未来金融与智慧金融专项展""大数据与互联网征信主题展"等。

金融科技交流洽谈型多以科普讲座和科技培训的方式出现，此举重在学术交流和科学普及、把握金融发展趋势、跟踪最新学科及专业动态、深度探讨金融领域最新成果，深受专家、学生和科技人员的青睐和向往。具体实践形式可参考金融峰会，如中国金融四十人论坛、清华五道口全球金融论坛、中国金融年度论坛、区块链技术与应用研讨会、中国金融学者论坛、2019 粤港澳大湾区中心的创新经济高峰论坛等。

金融科普沙龙活动型致力于通过大学校园、金融中心等具有丰富金融资源的场所，在它们能够完成原本的科研教学、工作任务的前提下，依托各自特色学科，因地制宜开展金融科普教育活动。高校等金融科普活动场地的创建给金融科普的发展带来了生机和活力，如西南财经大学的"货币博物馆""证券博物馆"等。当然，在此举办的金融讲座、金融下午茶交流会等各类科普聚会也吸引了大批公众，连锁反应自成，成为公众热衷的科普宣传场所。

金融科普示范榜样型可以利用金融机构中的龙头企业、城市金融中心等科普示范基地，带领公众走进金融现场，零距离体验金融的实际运用，并力争通过金融科普基地旅游、金融科普产品寓科普于娱乐之中，做到在开展金融市场式的等价有偿科普的同时，又进行金融科技人才及科学成果的交流、推广与转让，实现科普的经济和社会效益双丰收。

我国开展金融科普，首先，应践行群众路线、以公众视角为导向，深化金融科普宣传教育活动，开展金融科技节和金融科普日等主题科普活动，推动科普场馆和基地更广泛地面向社会公众开放。其次，要推进金融科普基础设施的整体布局，逐步形成依托实体科技馆基础，以流动形式的科学技术馆、数字及互联网形式的科技馆为延伸，并向基层科普设施辐射的高水平金融科技馆现代化体系。就实践来谈，金融科普可以依托城乡公共服务场所和设施，建立和完善金融科普展览、科普学校、科普活动站等基层科普设施，进一步发挥金融科普博物馆、金融科普画廊、金融图书馆及"大篷车"的作用，承办好流动科技馆下金融科普的巡展工作。最后，金融科普应建设畅通的服务渠道和资源开放共享机制，形成系统化、网络化、专业化的金融科普服务体系，推动有条件的高校和金融机构从因地、因时制宜的角度出发，互利共赢地建立并发展一批具有金融产业、经济领域或及金融学科特色的专题金融科普设施。

第三，以其传播媒介为依据，可以分为传统模式和新媒体模式。作为公众获取科技信息的重要渠道，《科普法》规定，"新闻出版、广播影视、文化等机构和团体应当发挥各自优势做好科普宣传工作"。而在计算机网络技术的兴起和繁荣中诞生的互联网，凭借其多元化的内容和实时更新的特点，已经成为集各式新闻媒体优势于一身的最重要和便捷的信息渠道和公众传播手段之一，因而互联网也被大家称作继报纸、广播、电视后的"第四媒体"。根据统计时间截至 2018 年 12 月的第 43 次《中国互联网发展状况统计报告》的数据表明，我国的网民人数已经达到了 8.29 亿人，其中占比高达 98.6% 的依靠手机上网的网民数量共计 8.17 亿人。因此，充分发挥大众传媒和经济文化的作用，有助于营造金融科普宣传的浓厚氛围，激发全社会金融创新创业的活力，培育宏观经济生态环境。

传统模式下，书、报、刊等纸媒，黑板报、海报、灯箱等平面媒体和电视电影是金融科普的基本传播媒介，其受众包括几乎所有的收入和文化阶层，具有传播面广泛的特点。但是，该模式的不足在于缺乏科普信息的即时性和科普受众之间的互动性。新媒体模式则涵盖了互联网、手机终端、屏幕电视投放等多种新型媒体形式，与传统媒体相比，它的突出特点在于科普的即时性与科普对象间较强的交互性。除此之外，新媒体模式下的科普信息具有海量性和共享性，科普表现形式为多媒体与超文本，既注重科学普及的个性化，又综合考虑科普受众的社群化等。❶ 在对传统媒体产生猛烈冲击的同时，新媒体的繁荣也给金融科普工作带来了与众不同的传播理念与发展方式——传统科普思维往往只做到了把民众看作被动的信息接受者，而"让公众参与科学"的新科普发展趋势充分关心在科学传播之中信息的双向互动，真正实现了让民众参与科普这一突破。

相较于传统的科普形式，基于互联网和移动通信的新媒体科普模式，虽因其受众必须具备相应的文化和收入水平以使用互联网和移动通信终端而在阶层上有所局限，但其改变了原先传统媒体下单向的传播途径。新媒体科普以其去中心化的多渠道传播方式，拥有不可替代的互动性。例如，微信、微博、经济论坛、贴吧、B站社区、短视频App等的适时留言、评论、弹幕功能等，为提高科普的针对性、普适性发挥了不可估量的作用。当然，科普网站、金融科普专栏、科普交互、科普动漫、科普视频与游戏、科普电子出版物对用户而言也极富吸引力，并能潜移默化地发挥金融科普的功能。例如，由中国科学院主办的科学新媒体服务平台为网络用户带来内容丰富的网络科普视频服务。还有一些地区科普服务，如北京地区的北京科普之窗、北京数字博物馆，上海地区的上海科普志愿者网、上海数字科技馆等。

同时，新媒体在金融科普工作中的应用具有即时传达、受众范围广，便捷易读、科学传播化整为零，互动广泛、效果可持续，内容丰富、传播精准化的优势。总体而言，新媒体模式使金融科学传播变得更加高效、方便、快捷和充满乐趣，使精准、交互式的科普服务成为现实。

目前，金融科普的图书、期刊、影视专栏等传统形式的发展较为平稳，

❶ 石磊. 新媒体概论［M］. 北京：中国传媒大学出版社，2009.

而随着我国网民数量的迅速增长、互联网普及率的逐年提升，以数字互联网为代表的新媒体正成为金融科学知识与技术普及的关键平台，以传统媒体传播、场馆展示为主的传播方式正在朝着传统媒体和新媒体融合和互动的方向加速转变，在我国科普事业中产生了巨大的、不可替代的作用。

根据 2019 年 12 月互联网金融数据显示，《每日经济新闻》官方微博关注人数超过 4200 万人，财经网、央视财经、《经济观察报》、新浪财经、《第一财经日报》等微博粉丝数均为千万人级别；B 站"经济学公开课"标签下总播放突破 400 万人次，弹幕累计发送 3 万余条；恒大集团首席经济学家、恒大经济研究院院长任泽平创立的"泽平宏观"微信公众号活跃粉丝数量达150 万人以上。这种新媒体模式下的金融科普致力于共享金融知识、解读金融领域的最新经济形势、宏观政策及行业动向，为受众群体提供专业咨询、推送研究观点，有力地促进了金融与大众之间的融合及良性互动。可以说，在互联网和移动通信日益普及的今天，金融科普的新媒体模式不仅和传统模式分庭抗礼，并且越来越占据主要地位。

在官方机构数据中，从科技部发布的 2018 年度全国科普统计数据可以看到，科普工作的开展越来越依赖网络化科普传媒，科普工作的方式、方法和内容都在多元化。2018 年，我国在科普传播手段的网络化应用方面发展迅速，共计建设科普网站 2688 个，较 2017 年增加 4.59%；开设科普微博 2809 个，总计发文量 90.42 万篇，同比分别提高 36.02% 和 36.06%；其他如科普类微信公众号新增数和发文量也都有相应的增长。由互联网头部企业腾讯公司和中国科普研究所合作完成的《2016 年移动互联网网民科普获取及传播行为研究报告》表明，就传播渠道而言，超过 86% 的科普内容分享经由微信发布，其中有 47.3% 是链式分享给好友，另外有 39.3% 是分享到朋友圈。朋友圈作为当前活跃度最高的社交平台，很容易形成裂变式二次传播，是传播影响力极高的信息平台。

在研究机构数据中，根据中国科普研究所 2018 年公布的的科学素质调查，在获取科技信息方面，电视与网络的传播能力远远超过广播、报纸等其他传统媒体。每天通过前者获取相关科技信息的人数比例为 68.5%，高于后者约 4 个百分点。并且，移动端日渐成为更主流的互联网传播渠道，形成了以微博、微信、抖音、快手等社交或自媒体平台为第一主力，各大门户网站如腾讯、新浪为第二主力，并辅以百度、搜狐等搜索引擎和果壳等科学网站。这四大主流渠道基本上覆盖了科技信息传播的半壁江山。除此之外，电子书报和科普类 App 等也有两三成的占比。

显而易见，在这个自媒体和新媒体都日新月异的时代，信息与知识普及传播的权力不再由政府或官方专门机构所垄断，民众获得了更多的自主权和自由度，人人都可以成为信息的发布源和传播者。这种知识传递的去中心化无疑加速了科技信息的传播速度，扩大了专业的、有公信力的科技知识的传播面，极大地提高了普通人掌握相关专门知识的素质和能力。但是信息传播的加快，知识中心的多元化也是一把双刃剑，没有了专业发布的门槛和专家学者的审读过滤，科技信息的权威性和专业性面临挑战。金融科普也不例外，和真理真知一起传播的还有谬论谣言，这无疑又会反过来对金融科普形成侵蚀，使普通人对众多金融信息或者不加分辨照单全收，或者将信将疑无从下手。要扭转这种局面，特别需要权威的金融科研机构提高金融政策和科学方法普及的力度，官方和政府机构应加强对新媒体传播的监督管理。唯有如此，才能在"人人都是麦克风"的时代，让最优质的金融科普资源脱颖而出，在人群中高速而有效的传播。

二、金融科普模式相关利益主体

各种金融科普模式都从金融科学知识的掌握者向缺乏相关知识的受众的传播，据此其相关利益主体可分为金融科普供给主体和需求主体。从科普模式的主体性原则出发，金融科普始终以公众为中心，一方面在于公众对金融科普活动的参与状态积极主动与否，另一方面则关注公众的金融素养在参与科普活动的过程中是否得到了提升。

金融科普供给主体，是指科普工作的组织者、策划者、执行者和管理者。根据我国目前金融科普的发展状况，供给主体主要由两大部门构成：一是各地政府及金融监管机构、中国人民银行及其各级分行、各省金融学会。它们往往是金融行业的监管者，肩负社会稳定、金融稳定和发展的职责，也是能及时了解金融发展态势、掌握金融理论知识和主导知识传播的专门机构；二是各大商业银行和非银行金融机构，它们是金融知识的实践者，也通常是涉及各类金融诈骗发生、运作的一线，也往往是金融科普的服务窗口。

金融科普需求主体，是指科普工作的对象，即受众，主要包括：一是各级政府，需要根据金融和经济形势的发展进行本地区的经济发展规划，保证社会稳定和民生发展；二是金融立法执法机构，需要对金融案件进行立法、释法、执法等工作；三是银行、证券、信托等各类金融机构，需要及时学习本行业新形式、金融产品新设计以提高竞争力和安全性；四是不具备金融专门知识的城乡居民和小型企业主，这些普罗大众往往是最需要金融科普知识的群体。由于缺乏对基本的投融资等金融知识的了解，普罗大众中的一些特殊群体极易成为金融违法案件的受害者，如城镇低收入和贫困人群、小微企业主、残疾人、老年人等。

金融科普的供给主体最关心的是需求主体的金融专业知识素养。所谓素养，其定义基本上可以概括为两个维度：一是理解（金融知识）能力，二是运用（金融知识）能力。总体来看，金融素养指的是一个人理解和掌握专业的经济金融知识，并且使用这些知识去理解经济金融现象、将它们储备为自己的金融技能，以有效管理个人和家庭金融资源的能力。可以说，金融素养的高低对一个人的金融福利水平起着决定性作用。

消费者作为我国现代经济和金融体系中的基础组成群体，我国的国民金融素养透过消费者可见一斑。其中，具有权威性和代表性的是中国人民银行金融消费权益保护局开展的"消费者金融素养调查"，它涵盖了消费者基本情况、储蓄与物价、银行卡管理、贷款常识、个人信用管理、投资理财、保险知识和金融教育八部分内容，从消费者态度、消费者行为、消费者知识、消费者技能和金融知识需求五个角度综合考察了当前我国消费者的金融素养情况。按照中国人民银行金融消费权益保护局发布的《2019年消费者金融素养调查简要报告》的内容，2019年我国消费者金融素养指数平均分为64.77，较2017年提高了约一个百分点。尽管从总体上看消费者金融素养实现了提升，各经济发展区域间金融素养不均衡的现象出现了减弱，但就区域发展、人口结构而言，差异仍然存在。同时，这个研究也表明，有五个因素，即教育、收入、地域、年龄和职业，与消费者金融素养的分数息息相关。

从消费者自身态度看，大多数人可以理解金融科普的重要性及依托各类校园开展金融教育的必要性；从消费者行为看，消费者在阅读合同条款、教育储蓄、银行卡密码保护行为方面有较好的表现；从消费者金融知识结构和质量看，消费者在储蓄、信用等方面掌握的金融知识正确率稍高，基本都超过 60%，但是在贷款、投资理财和保险等方面，相关知识的掌握就不尽如人意，需要进一步提高；从消费者运用金融技能看，他们在理解常见的金融合同权利和义务、各种常见金融产品的风险和收益、识别与处置假币等方面的情况相对较好，对非法投资产品和渠道的辨别能力已经有了显著提升，但在银行卡、新版人民币防伪等方面还需要升级。对消费者金融素养的调查与研究为我国目前的金融科普民情状况探清了道路，也有助于未来形成"初步广泛科普—民众知识掌握度—进一步有针对性的科普"这一良好的正反馈机制和上行通道。

如今，借助于互联网不受空间限制的虚拟实体特质，传统的金融违法犯罪正加速向以电信和网络为媒介的新型非接触性犯罪转移。金融诈骗是指采用虚构捏造事实或者故意隐瞒真相的方法，骗取公私财物或者金融机构信用，以达到非法占有他人财产的目的的行为。在我国，随着经济发展和居民生活水平的提高，金融诈骗呈现案件逐年上升、金额不断增加的特点，而且往往波及面广，受骗人数多，善后处理困难。他们通过第四方支付平台的支付通道，诱骗受害人在"金融投资"类 App 上充值，再以炒外汇、期货、比特币等借口让百姓进行"投资"，而这些所谓的"定价"只不过是嫌疑人在 App 后台人为操纵的数字，并非真实的市场价格波动。所谓"第四方"支付平台，是指依附于已有的支付宝、财付通等正规第三方平台，但并没有获得国家支付结算许可，通过违反相关支付结算管理制度，以大量商户注册或个人账户注册的方式，非法构建的支付通道。由于第四方支付平台由个人组建，也没有支付牌照，使用者的资金安全完全无法保障。公众在从事互联网金融活动时又容易因自身欠缺知识、受利益诱惑而轻信网络支付平台，步入金融诈骗的陷阱，甚至出现某些犯罪团伙大肆通过第四方支付平台非法进行境外赌博网站洗钱的活动。

总而言之，金融诈骗犯罪对社会和民众造成的损失惊人，其中潜藏着巨大的金融风险，容易造成大规模群体性事件爆发的后患，从而对社会稳定形成负面影响。同时，金融诈骗经常与金融机构工作人员的内部犯罪如贪污、挪用公款、受贿、滥用职权等相交织，形成案中有案、案外有案的复杂局面。金融是国家的命脉，为经济发展提供造血功能，金融犯罪可谓发生在社会主义市场经济体系的核心部位和动脉系统，势必破坏作为市场经济基础的公平、公正、公开原则和信用体系与制度，其危害性和破坏力是巨大的。

如何遏制金融犯罪？通过更为有效的金融科普手段为弱势人群"扫盲"，为金融从业人员"敲响警钟"，提高各类需求主体特别是消费者、特殊群体的金融素养，是强化金融管理、降低金融诈骗犯罪率的重要手段。在我国进一步深化改革、扩大金融市场开放的道路上，加强金融科普和建立健全金融监督制度与法规，作为发挥微观金融个体活力、稳妥处置和化解金融风险、保障金融市场平稳运行的必要条件，其实施更是刻不容缓。

与此同时，金融科普模式下的相关利益主体也是当前我国普惠金融的主力建设者和重点服务对象。联合国于 2005 年提出的"普惠金融"概念，近十多年来逐渐得到各国的重视和发展。普惠金融通常是指按可以负担的合理成本，为有金融服务需求的社会各阶层特别是小微企业主和弱势群体，提供适当而有效的金融服务。普惠金融的概念非常强调建立在低成本上的公益性和利他性。在现实中，我国普惠金融的具体实施多数体现为国家层面的、有关金融工具的政策性开发。普惠金融致力于缩减贫富差距，小微企业主、农民、城镇低收入人群等弱势群体是主要对象。大力发展普惠金融，扎根小微企业、三农、创业创新、脱贫攻坚等领域，是我国全面建成小康社会的必然要求。普惠金融实施的基础也必定建立在金融科普发展较为完善的阶段下。可以相信，发展普惠金融将不仅有利于促进金融业可持续均衡发展，也将助力各个地区特别是经济不发达地区的经济发展方式转型升级，促进社会公平和社会和谐。

三、金融科普模式的效果和效率

金融科普模式的效果是指对金融科普活动的影响和后果进行测度，通常使用问卷调查法探测科普前后调查对象的金融素养提升情况。William Bosshardt 和 William B. Walstad（2014）两位学者在《金融素养国家标准》一文中，阐述了金融素养"标准"定义下所包含的结构，并明确了金融素养应该包括的六大方面"标准"内容。这些金融素养的标准内容是通过归纳人们的金融活动总结出来的，涉及收入、消费、储蓄、信贷、金融投资和保险六个方面。综合国内外金融素养方面的文献和中国人民银行金融消费权益保护局设计问卷的研究，结合我国当前实际国情、民情，一份好的金融科普问卷所调查的金融素养，其测度内容必须囊括储蓄、信贷、投资和保险四个领域，以及金融知识、金融能力、金融态度和金融意识四个方面和维度。其中，公民对金融知识的理解是公民金融素养调查的核心指标，用于测算公民的金融科学素质水平。[1]

参考国内统计范围最广、涵盖面最大、内容最丰富最权威的每年一度全国科普统计工作，在保证调查指标和评价标准连续可比的前提下，公众的金融素养测试应当采用基于题库设计的测试题和选择项。在受访者回答这些题库中测试题正确的前提下为受访者计分，得分能够超过 70 分的，就可以判定受访者为具备金融素养。如果要了解特定人群的金融素养水平，则可以通过加权计算的方式，得出这一群体中具有金融素养的人数占比，例如，可以城乡区域、年龄、性别、受教育程度、地区、收入等指标划分不同特征的人群，再计算这些群体中测试超过 70 分的人数在群体总人数中的比例，就可以获知整个群体的金融素养水平。

金融科普效果的效率，其最主要的评价指标就是调查对象的知晓率，即相关金融科普服务提供后，参与科普的受众中有多高比例的人群掌握了相关金融知识点，可通过科普前后问卷调查的对比来统计。比如说，在一个社区以黑板报、小报或海报的传统静态科普模式进行非法集资科普教育，科普后新增的问卷测试合格人数占全部社区人口的比例就是知晓率。通过知晓率的高低即可判断此次金融科普的效果。

与只评价产出的金融科普模式效果不同，金融科普模式的效率是指科普投入与产出的对比，就是既包括产出又包括相应投入的成本收益分析，通常采用 DEA 方法（数据包络分析）进行量化评价，也是衡量投入产出效率或绩效的常用方法。该方法对科普投入和科普产出设立合理的分级指标和权重，再对各指标作线性加权求和，得出表明其效率的数值，通过对评价目标不同领域、地区、项目的数值对比，越高就表明其科普越有效率。比如，在金融科普产出下设立科普媒介、科普场馆、科普活动等一级指标，在科普活动下设科普讲座、科普展览、科普竞赛、科普专题活动、重大科普活动等二级指

❶ 杨帆. 金融素养测度研究［D］. 云南：云南财经大学，2015.

标，并对上述指标相应赋权求和，再与其他评价对象进行对比。根据 DEA 方法，现有研究表明，以我国各个省（区市）的所有科普活动作为评价对象，2016 年上海、四川、贵州、宁夏、云南、内蒙古 6 个省（区市）的科普投入产出达到了有效率状态，但其余省（区市）的科普效率均不理想。❶

四、金融科普模式的广度与深度

金融科普模式的广度，指科普所覆盖的受众范围和公众所认识的金融知识、能力的多元化程度。换言之，金融科普模式的广度代表了其丰富程度，强调让公众能够接触到更广博的金融观点和角度，增强对金融知识领域的运用。当然，公民的金融知识与能力直接决定了其竞争力和发展潜力，在金融科普活动中加强金融素养建设是全面发展的有效途径。更重要的是，通过提升金融科普的广度，在不断提高个体吸收金融知识、创新金融应用的能力的过程中，使得构建学习型社会，提升我国的经济自信成为触手可及的目标。

金融科普模式的深度，主要指触及金融科普的专精程度和达到的高度，并决定了金融科普最终能够创造的价值。它要求科普对象逐步加深理解金融信息及内在含义，掌握普遍的经济金融规律，能够有逻辑地介绍、批判性地思考，并将所学应用到实际生活中，构建较为全面的知识体系，以兴趣为导向，积极主动地参与科普学习和交流。提升金融科普的深度，需要发挥互联网等新型媒体的科技传播和精准面向功能，将金融知识传播的计划与受众的兴趣点联系起来，达到"对症下药"的效果，以获得大众更多的关注。

从性质上说，金融科普的深度与广度是相互依存、相辅相成的关系。一方面，金融科普的深度要以一定的广度为基础，越是要求高、精的造诣，就越需要基础的金融知识和能力的广博与厚实。另一方面，只有科普广度得到了积累，最终才能将广度向上堆积和抽象为金融科普的深度。没有科普广度支撑的深度就犹如空中楼阁，由于"地基"不稳随时都可能崩塌。当然，金融科普的广度和深度反映了不同的价值观和培养目标。对于实际科普工作而言，针对不同类型和主体的金融科普，其需要的广度或深度方面的知识和能

---

❶ 韩凤芹，周孝，史卫，张绘. 我国财政科普投入及其效果评价［J］. 财政科学，2018（12）：19-35，56.

力也不尽相同。

目前，我国金融科普所传播的基础知识较为单薄、面向科普对象群体较窄，有些流于表面形式的科普如"蜻蜓点水"般，难以起到真正增加科普广度的积极作用。就金融科普的深度而言，其既无广度的投入和支撑作为基础，又缺少推广知识与技能的专业性和精准性，往往达不到使民众掌握内在原理和实际运用金融工具的效果。综合来说，广度和深度的不足是当下我国金融科普亟待解决的问题。只有动员全社会力量大力支持、广泛参与，加大各类金融科普投入与产出的力度，不失时机地广泛渗透到各种民众活动之中，才能使社会各阶层、各群体可以源源不断地提高金融素养，实现人的全面发展，夯实经济增长的土壤，形成大规模、深入式、终生性的我国金融科普模式。

第二节　金融科普模式存在的问题

在我国的科普活动中，首先，部分政府机构与下属部门对于科学普及工作存在着重视不足乃至形式主义的弊病，"重科研、轻科普"的情况导致了科普与科研的失衡，甚至脱节。这一难题亟待解决。在科普和科研的发展中，我们必须认识到，科学的进步不仅在于追求崇高的知识与真理世界，同时也要立足于服务经济增长、提升群众的生活质量，最终达到构建全面小康与社会主义和谐社会这一宏伟目标。如此才能形成推动社会发展的新引擎，这也是科普的重要意义所在。各级科协组织应当发挥进一步夯实科学普及工作受众基础的作用，以基层人民为主要服务对象。遵循这一指导思想，应当让金融科普活动深入每一个社区街道，让金融科普常态化走进公众的日常生活当中。

其次，就我国当前的科普整体状况而言，虽然科普工作已经取得了长足的进步，但未来面临的形势依然较为严峻。一是具备科学素质的我国公民占比正显著增长，但相较于技术领先和人民生活水准较高的发达国家，水平仍有不小的差距。二是不平衡的城乡和区域之间的发展导致公民科学素质水平的失衡，东部沿海的发达省份水平远高于中西部省份，城镇居民也显著高于农村居民的科学素质水平，而最薄弱之处则集中在一些经济欠发达地区的农村妇女和少数民族。三是科普公共服务的能力和基础设施有限，科普服务的机制和体系尚不健全，导致科普公共服务与群众的实际需求相违背，使得科普产业的发展停滞不前。四是我国科普经费的投入严重不足，主要表现为各级政府部门对各类科普活动的财政拨款较低，而多元化的社会科普经费投入机制仍亟待建立健全。

以 2015 年的财政拨款数据为例，当年中央财政科技预算总支出约为 2587 亿元，其中科普活动的经费投入仅为 19.16 亿元，只占到了当期科技经费预算支出的 0.74%，人均科普费用不到 2 元。同比美国，当期的联邦研发支出的经费预算为 1354 亿美元，其中 STEM（即科学、技术、工程、数学）教育经费预算达到了 29 亿美元，占研发预算的 2.1%，全国人均 9.2 美元。2019 年，我国实行由基层申报、财政局和科学技术协会共同审批的科普专项经费管理办法，做到专款专用、按需拨款，为切实提高科普资金的发放效率与使用效益做出了有意义的改变。

最后，以政府投入的公益模式主导科普的大背景下，按涉及的学科领域分，科普投入实际上主要集中于航空航天、物理、生命科学等自然科学领域，而非金融科普所隶属的社会科学领域，这显然造成了金融科普的先天不足。而除上述大环境存在的问题外，金融科普本身在运行机制、科普效果和效率、可持续发展等方面也存在着不容忽视的问题。

一、金融科普模式运行机制问题

金融科普和其他学科的科普一样，具有较强的正外部性。金融科普所惠及的人群，除目标受众外，整个社会特别是金融行业和机构，也因此而获得稳定发展和创新的大众基础。也因为外部性的存在，由市场提供金融科普必然存在某种失灵，此时政府必须肩负起治理溢出效应的责任，因而我国当前的科普投入中政府一直是占比最高的主渠道。

根据科技部"2018 年度全国科普统计数据"显示，2018 年我国的科普经费筹集额总计 161.14 亿元，与 2017 年相比增长了 0.68%。其中，主体仍是政府拨款，达 126.02 亿元，占全部经费筹集额的 78.20%，相较于 2017 年提高了 1.38 个百分点。而由社会捐赠、自筹资金、其他收入渠道形成的科普投入尚不足四分之一。由此也造成了当前政府作为主导的金融科普运行机制所存在的问题——其中最主要的，就是金融科普的重要性未能凸显。

由于投入渠道单一，当地政府对金融科普教育工作的重视程度就成为金融科普工作成效的关键。然而，在政府的各项主要职能中，最受重视的首先是经济发展、社会稳定等职能，对金融科普的忽视容易造成当地政府愈加忽略普及金融知识、防范金融案件对经济发展和社会稳定的正反馈作用。不少地方本来就对科普工作的积极开展缺乏有效认知和完善合理的行政政策（尤其是部分经济发展滞后和教育水平偏低的地区），更不必说是在科普中不占主流的金融科普。但是，一旦企业职员对待金融科普的基本知识和技术采用冷漠或是轻视的态度，这将必然对于企业未来价值增长产生不利的影响。

在参考国际科普事业发展经验的基础上，我们可以得出如下的结论：我国的金融科普事业应当把金融科普的全民化和社会化，以及科普生产资料（设施、服务、人才）的产业化、市场化和国际化作为当前的首要任务。而推动金融科普的产业化，其实质是打破原本"计划经济"模式下政府全权包办的科普管理方式，建立一个全新的"政府主导—企业参与—公众践行"的社会主义市场经济管理模式，调动企业和民众参与金融科普活动，消费金融科普产品，投资金融科普产业，加快金融科普的全社会化，从而打造一个新型金融科普管理与运行机制。

今后，如何实行由政府统筹、企业效力的"公益+产业"多层次金融科普模式，形成多元化投入的科普机制，将成为首要攻克的难题。为此，对政府金融科普而言，仍需大力提升对金融科普相关工作的重视程度与宣传力度，要切实发掘金融科普的广度和深度，做到科普行之有效，而不是一纸空谈。除此之外，还要扎实推动金融科普的产业化、逐步放开科普市场化，全力确保金融科普的"创作—宣传—落实"产业链向纵深发展，树立全民参与、理解运用的科普价值观。对企业金融科普而言，一是要运用科普来宣传金融创新产品；二是依托技术进步为企业选择与之对应的金融科技工程与项目；三是通过科学的金融原理及经济规律来帮助企业开拓市场，形成与不同的目标消费者的精准对接。最终，在不断的改革和实践中，促进并逐渐依靠企业和全社会投资科普事业，使金融科普、科技创新顺理成章，水到渠成。

二、金融科普模式效果及效率问题

金融科普效果不突出、效率不高的"双低"现象相当普遍。由于金融科普大多数情况下是公益活动，金融科普的内容输入往往与受众的实际科普需求之间存在差异。在相关的科普机构或下属单位将金融科普内容输送至基层居民自治的社区及街道的路径中，很大一部分科普人员仅仅是在形式上力求完成任务；实际而言，对于金融科普的知识与方法是否符合社区居民的投资及消费需求，是否从解决人民最关心的问题这一角度出发，是否及时讲解最新的金融政策变动等重要问题，以及金融科普实施的实际效果究竟有多大的吸引力，很多科普人员都可能谈不上关心。比如，在某基层社区的广场上所投放的关于金融理财原理及类别等知识的科普展板，虽然处于人流量最大的活动区域，却观者寥寥，难以吸引行人驻足。这样的金融科普就非常容易浮于表面、成为一种"形式主义"。这种行为既造成了人力物力的消耗，又难以发挥其本应有的积极作用。

何以金融科普流于形式、创新动力不足？究其根源，还在于以政府为主导的公益科普模式下，金融科普缺乏一定的竞争和评价、监督机制，因而无法及时跟进社会发展动态，在传播媒介上及时吸收科技新成果。举例来说，对于银行的新媒体业务，如网络银行、手机 App 及各类外汇及理财产品等，甚至对年轻人已经使用非常普遍的支付宝等新型支付工具的使用，很多老年居民都存在想学却无法找到方便的学习渠道的问题。在半懂不懂或者完全不懂的情况下，他们很容易成为网络金融诈骗的受害者；或者因为过于谨慎，坚持使用传统的现金支付方式，成为被金融新科技所抛弃的人群，生活质量受到影响。

总体来看，对金融科普效率的"有效评价"应当作为科普工作持续改进的根本，评价体系有助于反过来对金融科普的实施策略进行必要的修正和完善，可以起到辅助管理者进行金融科普决策的作用。在当前的环境下，无论是政府机构还是金融机构，科普相关单位都应针对金融科普活动制定行之有效的定性与定量相结合的科普绩效评估体系，以实现科普人员间的横向对比、不同时期的纵向对比及举行周期季度的综合对比，以"投入—产出"理论为指导，追求金融科普公众的效率、甚至达到以小博大的效果。

与此同时，在选择评估指标时亦要遵循一定的客观规律，基于数据的可得性、可比性、综合性和准确性的原则，可以从金融科普工作的资本经费支出及劳动力、信息、管理等社会资源等方面来选择投入指标，而对于产出指标的选取则可以从金融科普对公众效益、经济增长和社会进步等方面的影响入手。此外，在科普效率评价过程中，有必要引入第三方监管的机制，建立专家组会谈的评价体系，防止对于科普效率的评价工作仅仅浮于表面，并且要注重加强对"金融科普工作—评价结果—反馈工作"的运用。[1]

诚然，在金融科普事业的发展中，我国的政府机构及相关单位（如财政部、中国人民银行、科协等）理应发挥其主导作用，但是，这并不代表着科普的投入仅仅由政府全部承担。通过对国际科普事业发展的了解可以发现，不少发达国家都强调社会参与的科普投入模式。日本政府的科普理念是，为实现科学技术的长足发展，必须有社会大众的理解与支持。2007年，加拿大在其最新发布的国家科技战略书《调整加拿大的科技优势》中尤其强调，加拿大政府将坚持履行其现有职责，并将在未来积极营造创新与发明的社会氛围，加强全民科学普及，鼓励更多的人追求科学、从事科学，来应对当今世界为数众多的挑战。2008年，俄罗斯总统普京于国家杜马签署总统令，提出要加强对于非政府、非商业组织的支持，尤其提到了对从事科普工作的组织团体的帮助。[2]

因此，考虑到在"科普的差异化服务"的视角下，政府机关其实很难发挥其效率优势，必须对原先完全依靠国家财政经费支出的科普投入模式进行社会化的改革，引入市场投资，促进全民参与。金融科普要适应市场竞争原则与科普模式改革的背景，走科普市场化、多元化、国际化的道路。只有实现多元化投入和科学评价及监督体系的金融科普，才能确保金融科普有效发挥其多重职能，提高其科普效果和效率。

三、金融科普模式可持续发展问题

金融科普模式主要涉及金融科普创作、科技传播渠道、科学教育体系、

---

[1] 关峻，张晓文. "互联网+"下全新科普模式研究［J］. 中国科技论坛，2016（4）：98-103.

[2] 董全超，许佳军. 发达国家科普发展趋势及其对我国科普工作的几点启示［J］. 科普研究，2011，6（6）：16-21.

金融科普工作社会组织网络、金融科普人才队伍以及政府金融科普工作宏观管理等方面。金融科普模式的可持续发展问题，归根结底就是金融科普的人才问题、资金问题和产业化问题。

（一）人才问题

金融科普人才是指从事金融科普事业或专业性工作的、具有一定专门知识的劳动者。从科普人才的实际来看，金融科普人才应该既具有专业的技能和知识，又具有能够向公众进行科学知识的传播普及，或者是协调管理金融科普实际工作的能力。金融科普人才队伍主要包括金融科普的专职人员、兼职人员以及志愿者队伍，他们是金融科普活动的执行者及推动者。

目前，我国科普事业中专职人员作用逐渐凸显，队伍结构优化，专员中创作人员和讲解人员占比均有所提高。2018 年全国科普专职人员共计达到22.40 万人，其中专职科普讲解人员为 3.29 万人，专职科普创作人员有 1.55 万人，而全国科普兼职人员数量总共为 156.09 万人。但在中国科普人才建设中，仍然存在着科普人才队伍规模受限且地区分布不平衡、科普人才队伍的创新性不足、科普人才培养的机制不完善、科普人才队伍成长环境有待改善的问题，金融科普人才亦是如此。

没有源源不断的高质量金融人才，任何模式的金融科普都将成为无本之木、无源之水。金融科普的可持续发展，不仅面临金融科普学科专业的人才培养问题，也面临相应的人才发展问题。

一方面，金融科普的专业性人才源于高校，高校将每个学科专业化，不同的专业培养不同领域的专才。从国外高校的经验来看，美国哥伦比亚大学很早就认准时机，开设了"地球与环境科学新闻"的双硕士学位课程；伦敦大学下属的多个学院也积极开设科学传播相关课程；日本文部科学技术政策研究所则成立了专门的研究生院来专项培养科普类人才。荷兰超过半数的高校机构均开设了包含科普写作内容的新闻写作课，并且每年有 600 余名的学生选修此门课程。其授课方法以实战为主，强调多加练习。具体而言，这些课程的讲课时间与习作时间之比约为1：3，学生普遍反映受益良多。与此同时，科学传播与科学新闻也日渐成为主修专业课程。

但是就我国目前高校人才培养体系来看，科技传播与普及行业尚未成为独立专业进行招生，人才难以被发掘，导致了本科阶段的人才断层，科普人才培养机制不完善的弊端凸显。我国普通大学现阶段没有设置培养科普人才的相关专业，更不必谈较为精专的金融科普专业。从高等院校制定的相关规定中发现，科普专业并不符合独立出来设置为单独专业的相关标准，因而难以通过教育部的审批。举例而言，复旦大学虽然已经开始设置与培养科普人才有关的"科技传播与科技决策专业"，但是，该专业每年并不面向高中的应届毕业生进行招生，仅仅作为该校在读学生的第二专业。对大多数学生而言，对第二专业都是抱着不挂科的目的进行研读，自然也就难以进行认真、细致的学习；此外，金融科普强调金融专业的强大背景，而金融知识本身就具备社会科学领域的高难度，加上金融科普专才需要多学科协同发展，即同时具备新闻传播、艺术设计等科普教育必备的知识。从就业求职角度来看，当前我国大多数企业对于金融科普行业工作的重视程度不足，使得相当一部分科普出身的毕业生未能寻找到对口的工作，消磨了学生报考科普相关专业的积极性，严重影响了对科普高层次人才的培养。因而，从高校获得金融科普专才的稳定来源，存在不小的障碍。

同时，专职从事金融科普创作的人才极为紧缺。无论是科协还是高校，真正愿意并能够撰写深入浅出、通俗易懂的科普金融作品的人才犹如凤毛麟角。科研单位或事业单位现有科普工作的评价也多从数量的角度出发，但对科普工作的实施效果未进行清晰的界定，而科普人员所创作的科普产品也未能成为职称评定或任用提拔的相关依据，从而使得科普人才工作积极性受挫。因此，专职科普创作人才处于短缺的状态。而社会人员的科普创作质量又参差不齐，其中还不乏故弄玄虚、企图鱼目混珠欺骗投资者的低级伎俩，需要公众擦亮眼睛加以识别。因此，我国的金融科普出版物、原创的金融科普产品较少，创新不足，造成金融科普难以有质量的开展工作，也无法满足公众对提升金融素养、掌握金融规律的需求。

另一方面，金融行业的高薪吸引力也阻碍着掌握了金融专业知识的人才投向公益化的科普行业。所以，大力发展金融科普志愿性人员也成为可持续发展的一个重要方面。如何建立起一支以各省金融协会、金融办（即各级地方政府的金融服务办公室）为依托，成立金融科普志愿者服务社，招募、组织并管理金融科普的相关志愿服务群体，推进金融科普服务的网站建设，形成科普志愿服务的互联网发源地，从而配合开展形式多样、内容丰富的金融科普志愿服务活动，也将成为未来金融科普志愿性人员发展的必须解决的问题。

综上所述，我国金融科普人才队伍数量严重不足，且从事科普行业的人员的学历及技能水平也有待提高，未能充分发挥引领作用，致使金融科普研究与开发、科普原创与设计水平较低，也制约了金融科普工作的进一步实践开展，很难有效地向公众推广普及金融知识原理与应用，传播科学思想。为此，需要社会和政府对金融科普人才发展及科普创作加以合理引导和监督，构建多层次、结构合理的金融科普人才网络，方能为我国金融科普工作的可持续发展奠定基础。

(二) 资金问题

金融科普模式可持续发展所面临的资金问题，不仅在于资金投入的规模大小，还在于资金投入的多元性。

实际上，当前金融科普模式发展所面临的各类问题，几乎都可以从资金面找到解决的答案。例如，由于知识更新加速导致的金融科普内容不适应科普市场需求的问题，以静态科普模式为主的"展墙讲单"❶老四样不适应受众传播媒介创新需求的问题，都需要一定规模的资金为金融科普从业人员更新知识、制作互动性更好的、更符合大众视角的纪录片、视频等。以自然科学的科普为例，旧金山探索馆从 1969 年 9 月创办，到 2013 年 4 月开放新馆，这家被《美国人科学月刊》誉为"全美最棒的博物馆"，其 2017 年的预算为4800 万美元。可以说，没有足够的资金支持，就没有现代化的金融科普产品和高质量的科普效果。

资金投入的规模化使资金的多元化成为必然。由国外先进科普场地的投入经验来看，美国科技中心协会（ASTC，其囊括的组织成员多为科普及科技场馆）的众多会员均在科普场馆的创收问题上秉持了相似的观念。根据 1998年的相关统计数据显示，美国科普场馆的收入中约 30% 来自政府划拨款项，24% 则来自无偿的社会捐赠，其余 46% 源于自身的创收活动。更有甚者，对于大中型科普场馆而言，其创收所占收入比例高达 60%，在个别科普场馆中

---

❶ 指科普途径还停留于办科普展览（展）、在墙上贴材料（墙）、做讲座（讲）和在公众场合发科普宣传单（单）这些传统的方法。

该比例甚至达到了 70%~80%。在旧金山探索馆的例子中，资金来源更多的是吸引学校、各类机构乃至商业公司的合作，其运营经费持续得到美国国家科学基金会、美国国立卫生研究院、国家艺术基金会、国家人文基金会、美国国家航空航天局的支持，旧金山艺术中心甚至是酒店的资助，以及旧金山的儿童、青少年和他们的家人、加州海岸保护协会和许多基金会、公司和个人的资助。这种多元化能够消弭单一渠道资金主体依赖所带来的弊端，促进科普的持续发展。

国外的先进经验证实，政府在科普工作中发挥着巧妙的"杠杆作用"，国家科学基金会一般会最为积极主动地参与科普项目，而除政府机构之外，一些民间团体的影响最为巨大。例如，欧盟研究总司下设的"科学与经济和社会司"，专项负责欧盟层面的科普指导工作；"英国科学促进协会"则是独立于英联邦政府之外的一个慈善机构，并作为规模最庞大、影响范围最广泛的民间科普组织为英国的科普行业发展作出了巨大贡献。

再以日本为例，该国政府全年科技经费的 60% 由文部科学省掌握，其中直属于文部科学省的政府组织"科学技术振兴机构"则主要负责科普事业相关经费的具体管理、文部科学省的科普政策全面落实；在政府机构之外，日本民间的主要科普机构有博物馆协会、全国科学博物馆协会和全国科技馆联盟。在加拿大，联邦工业部总管全国的科技工作，具体的科普推动工作则由加拿大科技拨款机构之一——国家自然科学与工程研究理事会负责；而著名的非政府组织则包括加拿大青年科学组织、加拿大皇家科学学会、科学与工程伙伴团体等，均为民间的强大助力。科技方面名列前茅的俄罗斯则主要依靠社会团体与非政府组织机构来推行科普事业或相关工作，其中就有许多著名组织，如知识协会、科学世界科技成就普及协会、天文协会以及"迪纳斯基亚"基金会等。

由于形成了全社会科普体系，大部分发达国家建立了由政府、科普组织、科技团体参与，企业、基金会出资的多位一体统筹推进的科普实施运行框架。这也从一个侧面说明了政府在推进科普事业上的重要作用：以政府的支持为催化剂，催化更多的社会力量共同投入该事业。政府的作用巨大，但投入却不需过多。例如，英法两国的政府科普相关拨款计划明确规定：政府对科普项目的资助不得超过项目总费用的 50%；美国科学基金会仅为科普项目提供小部分经费，并且后续支持强度也需视项目的范围和性质而定，其余经费均需项目机构从其他渠道获取。加拿大科普行业的资金主要来自政府、大学、研究机构、社区、非政府机构、企业与个人七部分。发达国家能够实行科普项目费用分担的模式的原因之一，在于它们拥有广泛的社会融资渠道，以及重视科普的社会氛围。

金融科普本质上是社会公益性事业，其发展必须要求有适当的政府经费投入。我国仍是发展中国家，对科普经费的政府投入仍然会很大程度上受制于国家经济发展水平、社会融资环境以及社会对于科普行业的态度等方面。对此，我们应该借鉴英美等发达国家的经验，逐步改变科普活动经费的计划拨款制度，改由国家财政每年拨出专款建立科普基金，实行面向全社会寻求支持的金融科普项目资助制度，建立金融科普基金制度以及良好的社会投入体系。

目前这一策略已经得到有关方面的重视。在《关于加强国家科普能力建设的若干意见》中提到，要将科普经费列入各级政府的财政预算，以合理的拨款方式来提高科普行业的投入水平，从而保障科普工作顺利开展。考虑到我国国情，对于国家大力支持的金融科普项目，可以考虑给予全部经费支持；也可以根据实际情况提供项目所需经费的一部分，其余经费则由项目组织者从包括企业、基金会、民间组织、个人等在内的其他渠道筹集。在此方面，上海率先发挥了积极带头作用。2007 年，上海市政府在专题性科普场馆建设方面投入经费 3000 多万元，带动全社会投入 24000 万元，带动比为 1∶8。

综上所述，金融科普的资金问题在于变"政府包办型"为"政府推动型"。金融科普基金来源一是国家机构的捐赠，二是民间个人或团体以及企业的捐赠，三是民间力量按市场营利机制经营科普事业的收入，四是科普场馆门票及产品的经营收入。在政府投入种子基金后，应当允许非营利组织或企业作为运作主体，采取市场化的手段吸引社会资金。而后，也应当坚持金融科普项目的"费用分担"原则：对积极开办公益性金融科普事业的社会力量，肯定其行为并予以资助；对重点金融科普项目，尤其是大、中型科普场馆的建设项目，应坚定推行"提倡政府推动、发展企业（个人）投资、减少政府包办"的思路，来推动金融科普行业市场化的进程，并且可以尝试国家、企业、社会民间组织等融资或入股的形式参与监督管理和利益分配。最终，在政府的指引下，科技团体、大众传媒、大学、科研院所、企业以及民间基金会等在金融科普方面发挥积极作用，我国将日渐形成"政府引导、社会参与、市场运作"的金融科普格局。此外，也应建立有效的激励机制，出台相关优惠政策，广泛吸纳境内外企业或个人的投资，充分整合社会各界力量，大力支持金融科普事业的发展。

（三）产业化问题

金融科普事业的发展，需要动员社会力量兴办，因此必须坚持金融科普的产业化道路——科普设施、科普服务的产业化经营。在有关部门的重视下，这种认识已经落实在《科普法》第六条中："国家支持社会力量兴办科普事业。社会力量兴办科普事业可以按照市场机制运行。"能否实现科普行业的产业化，无疑是能否振兴中国科普事业的关键所在。

长期以来，文化产品和文化服务的经济价值被忽略了，文化科普类被理所当然地视为由国家培育的部门。实际上，文化产业的增长速度已经超过信息产业，正逐步成为主导行业。在科学文化主导文化产业的时代，作为文化产业不可或缺的一部分的科普产业，必定有其广阔的发展前景与潜力。我们应当站在战略的高度，充分认识到科普产业化的重要性。

在努力建成全面小康社会的现阶段，我国的文化消费正在向健康型、知识型发展，为知识付费以及终生学习的意愿日渐强烈，由此可见金融科普产业的市场前景十分广阔。2018年的《中国科普产业发展研究报告》指出，目前我国科普产业的产值规模近1000亿元。而大众对金融科普知识、科普产品与服务的需求与科普产业供给之间的缺口，已经成为现阶段阻碍我国科普工作发展的主要矛盾。金融科普的社会化和产业化的协调发展、互相补充也是决定其可持续发展的关键。

鉴于整个科普产业是一个新兴的、处于起步阶段的产业，金融科普也是如此。金融科普的产业化必须要在金融科普设施、服务体系以及金融科普创作这两大基础方面进行新的尝试，力求通过科普的前瞻性来促进金融的行业进步。对此，政府应尽快出台有关于科普事业健康发展的政策和法规，切实保障投资者的利益，以实际行动鼓励投资发展，使金融科普设施获得更大的改观，金融科普工作获得全面的创新。

企业金融科普行业为了拥有更大的市场吸引力，可以通过建立企业科协来组织科技人员，在科普的基础上加快金融产品创新，以期拓展市场，推动经济发展，促进企业转型升级。例如，我国正在尝试实现科普设施所有制的多元化，并动员社会热心人士积极投资。此项举措在广东、海南已经付诸实践，并且收益颇大。企业应抓住机会，尝试投资增建科普设施、科普基地等硬件资源。

金融科普应该以科技进步特别是网络科技为基础，在市场机制的基础调节下，从事金融科普产品的创意、生产、经营和消费，向国家、社会和公众提供优质的金融科普产品和科普服务。在业态方面，政府可以通过财税政策鼓励金融科普教育业、出版业、影视业、网络信息业的规模化发展。目前国内已经形成了三大主要科普产业聚集区，即京津冀地区、长三角地区和珠三角地区。应重点扶持拥有自主知识产权、市场前景优越、科技含量充足的重大科普项目与科普企业，同时还要鼓励银行、证券、担保等金融机构加大对金融科普文化产业的支持力度，它们本身也是金融科普产业化的受益者。

金融科普产业化是一个多渠道吸纳投资的过程。该过程必定涉及科普与金融产品、科普与媒体、科普与文化的多种结合。我国的科普产业化起步较晚，为了探索一条金融科普产业化的新路，尚需艰苦付出，如调动各方面力量兴办科普产业、推行科普市场运行机制的创新试点工作、制定鼓励企业和民间资本投入的具体政策、建立市场经济的科学管理与运行机制等。

在金融科普产业化的道路上，有些制度性的障碍难以忽视，如行业巨头通过垄断妨碍公平竞争、社会对民营企业的不信任、不合理规定束缚创新人才发展等，这都是我们应当注意并加以解决的问题。同时，还需要政府出台对于金融科普市场准入、市场竞争与交易、自己运作等经济行为制定有利于行业可持续发展的法规和政策，允许社会力量在兴办金融科普事业中获得经济效益，以调动投资积极性。最后，政府相关责任部门必须建立完善的金融科普投入约束监督机制和科普效益评价指标体系，控制好金融科普投入的方向性和目标性，提高政府科普投入的效率，发挥社会力量兴办金融科普事业的作用。

第三节　金融科普模式的发展趋势

一、金融科普模式总体发展态势

通过对当前金融科普模式存在问题的阐述，不难总结出我国金融科普模式未来的总体发展趋势是以可持续发展为基本战略，通过实施金融科普的人才工程、扩大资金的多元化投入、促进金融科普的社会化和产业化同步发展，提高大众的金融科学素质，以此推动社会稳定和经济发展。金融科普理应积极发挥其无可替代的经济、科教、文化和社会功能，在我国经济全面步入新常态的现阶段下，搭建科普及创新服务的平台，为确保我国经济中高速增长，经济结构优化升级，从要素、投资驱动转向创新驱动出谋献策。

作为金融科普的各类供给主体，应该在创造财富、金融科普旅游、金融科普产品、金融人才和科普志愿者要素上加以理性规划，以新思路和新创意做出对策思考。作为金融科普主力军的各级政府和金融学会，也已经日益意识到金融科普的重要性，在金融科普教育普及的相关科研经费和产业化的优惠财税政策上大步向前迈进。金融科普模式的产业化、传播媒介的动态化、新媒体化将是金融科普发展的总趋势。

除此之外，应激发大众金融科普创作的热情，将原本潜藏于亿万人民之中的创新智慧充分激发、创新力量彻底唤醒。作为我国金融名家的荟萃之地，各金融学会、高校和金融研究机构应该发挥好领军作用，努力把握金融科普新方向。中国科协各级组织应该立足于根本，始终牢记自己的使命是服务于我国创新驱动发展、服务于党和政府科学决策，并发挥其科普统领作用，大力建设新式科协组织。在团结并引领广大金融工作者的同时，中国科协也应力求将做好金融科普工作、提高全民金融素养的重大任务作为自身的常态化与基础性工作，助力社会化金融科普工作格局的形成，为普惠共享的金融科普体系的建成注入强大动力。

二、金融科普模式组织及管理发展趋势

基于金融科普的正外部性，政府和科普管理行政机构、全国代表大会领导下的科普团体"中国科学技术协会"理应主导金融科普的组织和管理工作。

首先，未来应加强金融科普组织体制和联动协作机制建设。在金融科普社会化和产业化协同发展的原则下，政府和科普管理部门应建立金融科普联席会议制度，将自身的辅助作用发挥到极致，更好地完成组织领导、统筹协调和督促检查等方面的工作。同时也应充分了解金融行业的新发展和金融科普企业的新思路、新产品和新方法，形成政府与市场共同推动金融科普的良好局面。联席会议最终形成分工明确、协调联动的长效管理机制和覆盖本地、与各机构和各社区关联广泛的科普工作管理体系，广泛深入地开展金融科普活动，为金融科普工作的与时俱进导航引路。同时，各级政府以及科普管理机构为更好地开展相关工作，诸如筹备创建科普教育基地、对科普活动进行中长期规划、进行年度周期性科普统计等，应积极向金融科普企业寻求合作，携手并进，从而进一步增强金融科普的活力。

其次，未来应加强金融科普工作管理机制建设。从政府管理层面，应制定金融科普工作发展规划，明确各时期不同阶段的科普工作的目标和重点任务。同时依据规划，每年组织联席会议，与科普企业一起实施高效的金融科普工作；面向社会建立金融科普项目和金融科普活动征集制度，定期发布金融科普项目、金融科普活动指南。通过这些示范引导，有效地促进金融科普整体水平的提高。

最后，未来应加强金融科普激励机制建设。对于金融科普企业，科普表彰、税收优惠等相关政策可以用于激励企业，促进金融科普的资金多元化。对于金融科普人才，开展先进人才表彰和奖励，将有助于扩大金融科普志愿人员的加入。而最重要的，是结合国家经济金融形势的变化，提出金融科普工作绩效的科学评价和监督体系，保证激励机制的持续有效性。

三、金融科普模式技术手段以及媒介载体发展趋势

金融科普的实际效果，很大方面取决于现有观念。为取得最好的效果，应将教学灌输式的单向、被动科普，变为互动自主式的双向、主动科普。因

此，借助于新型的技术手段和媒介载体定是上佳之选。为了创新科普理念和服务模式，科普事业的信息化和人文化发展势在必行；而聚焦于互联网技术和多元科普文化形式，以新媒体新科技的方式开展科普教育，则能更好地增强科普的趣味性，提高科普工作的感染力，使金融方面的知识不再神秘严肃，而是更加亲民随和。相关的做法建议如下。

一是构建金融科技信息平台。近年中国科协与腾讯公司签署的"互联网+科普"合作框架协议，便是优秀的先行项目之一。把上层建筑的创新思考与政府的大力扶持充分结合所造就的金融科技信息平台，能够带领金融科普工作步入"互联网+"的创新发展时代。金融科技信息平台将通过各种形式、多渠道地提供金融科技发展、金融新业态、新工具等各种金融发展信息。平台应有更新的创意，更贴近大众，如手机信息平台、电话信息平台、展廊信息平台等。

与此同时，金融科技信息平台还应当包括以下内容，如金融科普场馆服务平台数据库、金融科普人才信息资源数据库、金融科普专业机构信息资源网络数据库等。平台应当充分发挥大网络、云服务、大数据的科技优势，建造规模宏大、分类精细的海量资料库，以实时数字技术处理数据信息，促进多样信息的整合与利用，使科普服务真正实现提质、增效、升级。借助平台的视频会议与网络学习模式，调整金融科普志愿服务在数字化行业的开展方式，从而加速金融科普服务由"人力"向"智力"的转变，更好地传播科普知识与科普经验。

例如，上海于2008年所打造的"上海市科普资源开发与共享平台"，在政府积极推动、社会广泛参与的大好背景下，以点带面，统筹推进，运用网格思想，借助相关技术，实现了全市科普资源的整合、集聚、开发、共享。该平台注重科普文化原创，积极发掘科普新媒体潜力，更好地实现了对科普资源的开发、服务、共享以及协同，并且满足了公众在培训、交流、教育和服务等方面的核心需求。

金融信息资源共享平台的全面启动，为金融科普的发展提升提供了重要支撑，实施了科普信息资源的收集，推进了科普场馆及人力资源建设，有利于提升金融科普服务的分析技术及决策能力。

二是推广金融科普文化。优质的科普文化作品代表了科普企业的品牌形象，是其商业活力和人才吸引力的不俗体现，也是各级政府推广金融科普建设的基石。金融科普文化是科学与人文文化交叉与结合的产物，亦具有鲜明的时代性、先进性和多样性。理解金融科普文化要从两个方面着手：首先，金融科普带动了整个民族对经济知识和金融人才的尊重，激发人们追求理性、尊重经济规律并树立价值观；其次，金融科普文化所蕴藏的金融思维和创新精神，将为全社会的金融发展奠定最广泛而坚实的社会基础。

现代金融的科普是依存于文化传播、凝聚于文化内涵的科普，而金融科普产业恰是展现特定文化形式、呈现特定文化意蕴的产业。金融科普文化及其创作作品的发展水平将成为我国文化软实力的重要表现之一。从实质来说，金融科普文化产业往往包含一定的金融知识，同时又吸纳其他文化要素，通过影视、网络、书籍等文化产业载体的形式生产金融科普文化产品，并在公众中广泛流通，形成了可观的经济效益。根据专家预测，到 2020 年，作为科普音像制品主要受众之一的青少年群体，在该领域的消费可达数百亿元之巨。

单就金融科普文化创作方面而言，我国现有广播、电视中的金融科普节目形式单一、内容偏少、制作粗糙；而此类的纸媒出版行业缺乏优秀金融科普图书，难以吸引公众兴趣；新兴的网络视频、网络文章虽有精品，但整体上良莠不齐。总而言之，金融科普创作行业人才不足、作品单一，种种问题使其难以脱离低谷。作为金融科普文化事业的中心和支柱，金融科普创作是迅速提高公众金融素养的重要方式，为金融科普社会化提供助力；其数量与质量，是金融科普广度和深度的重要指标。因此，必须注重金融科普创作发展道路上所面临的现实问题，并为其提供有效的解决方案。

为了实现全面变革，金融科普创作必须要实现以下三个转变：从空中楼阁向实用金融原理技术转变，从局部指向转到全社会各阶层指向，从陈旧古板的说教向有趣生动的互动转变。金融科普创作必须要立足于普及，在普及的基础上再进行提高，实现内容与形式的拓展，让公众切实理解并讨论，从而实现数量和质量的新突破，进一步实现科普创作的繁荣。

就金融科普文化推广方面而言，金融科普文化的推行与宣传必须建立在丰富金融科普多元载体、创新金融科普讲解方式的基础之上。通过借助互联网技术的力量，金融科普漫画、科普剧、科普文艺、科普小视频、科普微信公众号、科普微博等"互联网+"科普新媒体形式，能够做到内容新颖生动、公众喜闻乐见，立足通俗化和信息化，把时代性、科学性、趣味性相结合，使人耳目一新，金融科普将不再是乏味的老面孔。

在充分发挥新媒介和新载体的作用之外，金融科技和数字信息的发展也可以借助科普动漫与科普游戏的研发与创新，探索新式建模与虚拟技术在金融科普服务领域的实践应用，征集公益性质的数字化科普内容，从而促进科普展览形式与内容上的创新，拓宽金融科普行业的传播方式，如在金融科普展览馆内应用 VR（虚拟现实）、AR（增强现实）、MR（混合现实）技术以增强金融科技服务效果。通过智能机器人参与金融决策、体验金融产品，开发金融科普互动展品，并且不断推出反映时代主题的金融科普传播方式。

在金融科普文化推广中，力求内容与形式的有机结合，避免孤立单一，金融科普文化要坚持内容、形式、传播手段与业态等方面的共同创新，从而实现促进科普文化发展的目的，并动员全社会力量共同参与，坚持社会化、多层次、多形式进行。如开展金融科普活动品牌化建设，打造示范性金融科普活动，包括科普展览、金融知识竞赛、金融科普培训等活动形式，形成品牌化传播与晕环效应，带动更多优质金融科普活动的开展；开展金融科普互联网建设，从单向的灌输式向互动式、体验式的传播模式转变，探索全媒体的金融科普传播模式。

此外，在金融科普发展中必须抓住金融思想与科学方法的传播，从而培养公众借助金融思想观察问题，以金融科学方法处理问题的能力。在做好金融科学知识和适用技术普及宣传的同时，使得尊重金融知识、尊重金融人才、尊重金融劳动、尊重金融创造的社会新环境在我国金融科普领域得以实现。

在政府的牵引作用下，金融科技信息平台和金融科普文化将在科普方面发挥积极影响，突破传统而陈旧的科普形式和内容，让金融科普变得触手可及、生动有趣。二者不仅强调了科普由点及面的推进，突出个人与社会的交互作用，体现金融科普的领导机构、网络和阵地的建设，逐步形成专业金融科普力量和品牌，更能够代表金融科普事业"为民所用"的社会化特点，体现了科普的人文关怀精神，进而推动金融科普事业的持续发展。

总之，金融的繁荣给金融科普带来新机遇，金融案件的层出不穷又给金融科普带来了新挑战。金融科普的未来在机遇和挑战中，需要依靠技术和媒介的创新，才能打造出优质的金融科普作品，服务于人民群众和整个经济社会。

参考文献

［1］ Jon D Miller. The American People and Science Policy：the Role of Public Attitudes in the Policy Process ［J］. American Political Science Association，1983，4（1）.

［2］ Shen B S P. Science Literacy ［J］. American Scientist，1975，63（3）：265-268.

［3］ 邝英林. 新媒体传播科普过程中遇到的问题及解决建议 ［J］. 科技传播，2019（6）：150-152.

［4］ 董光璧. 探索科普产业化的道路 ［J］. 求是，2003（5）：48.

［5］ 董全超，许佳军. 发达国家科普发展趋势及其对我国科普工作的几点启示 ［J］. 科普研究，2011，6（6）：16-21.

［6］ 关峻，张晓文. "互联网+"下全新科普模式研究 ［J］. 中国科技论坛，2016（4）：98-103.

［7］ 国务院办公厅. 全民科学素质行动计划纲要（2006—2010—2020）［M］. 北京：人民出版社，2006.

［8］ 黄丹斌. 金融危机下的科普思考 ［A］//中国科学技术协会、重庆市人民政府. 自主创新与持续增长第十一届中国科协年会论文集（4）［C］. 中国科学技术协会、重庆市人民政府，中国科学技术协会学会学术部，2009：5.

［9］ 黄丹斌. 科普宣传与科普产业化——促进科普社会化刍议 ［J］. 科技进步与对策，2001，18（1）：106-107.

［10］ 黄卉. 关于新形势下科普志愿服务创新发展的实践与思考 ［J］. 科协论坛，2017（2）：36-38.

［11］ 贾敏. 我国科普功能实现存在的问题及对策研究 ［J］. 科教导刊，2018（11）：8-9.

［12］ 金彦龙. 我国科普产业运作机制研究 ［J］. 商业时代（36）：77-78.

［13］ 科学技术部，中共中央宣传部. "十三五"国家科普与创新文化建设规划 ［EB/OL］. http：//www. most. gov. cn/mostinfo/xinxifenlei/fgzc/gfxwj/gfxwj2017/201705t20170525_ 133003. htm，2017-05-08.

［14］ 科学技术部，中共中央宣传部. 关于加强国家科普能力建设的若干意见 ［EB/OL］. http：//www. gov. cn/ztzl/kjfzgh/content_ 883813. htm，2008-02-05.

［15］ 李卉，熊春林，尹慧慧. 基于规模与效率的地区科普能力评价研究 ［J］. 科技与经济，2019（6）：11-15.

[16] 李健民，刘小玲. 科普能力建设：理论思考与上海实践 [J]. 科普研究，2009，4 (6).

[17] 李群，王宾. 中国科普人才发展调查与预测 [J]. 中国科技论坛，2015 (7)：148-153.

[18] 李群，王宾. 中国科普人才发展调查与预测 [J]. 中国科技论坛，2015 (7)：148-153.

[19] 李陶陶，科普供给问题探因与对策 [J]. 三峡大学学报，2018 (9)：113-116.

[20] 刘萱，马健铨，王怡青. 分享经济视角下科普产业发展路径研究 [J]. 科普研究，2019 (2)：18-23.

[21] 罗晖，何薇，张超，等. 动员全社会力量实现公民科学素质目标 [J]. 科普研究，2015，10 (3).

[22] 毛卫华. 青岛市天文科普教育基地可持续发展研究 [J]. 首都师范大学学报（自然科学版），2010 (5)：87-89.

[23] 孟凡刚. 解决几组矛盾提升社区科普工作效率 [J]. 科协论坛，2017 (9)：19-21.

[24] 王丽晖. 互联网+时代科普信息化建设问题思考 [J]. 中国新通讯. 2018，20 (22)：39.

[25] 王利，李娜，王茂园. 新媒体在科普工作中的应用及发展前景探讨——以"科普天津"微信公众号为例 [J]. 天津科技，2017，44 (8)：81-83.

[26] 魏刚. 新媒体时代的科普演变 [EB/OL]. http://www.sciencenet.cn/skhtml-news/2018/8/4014.html，2018-08-01.

[27] 武夷山. 国外科普新观念与我国的科普工作 [J]. 科学，2006 (1)：6-8.

[28] 杨帆. 金融素养测度研究 [D]. 云南：云南财经大学，2015.

[29] 叶洋滨. 基于"科学+"品牌的科普模式创新初探 [J]. 科技信息，2014 (13)：78-79.

[30] 于洁，佟贺丰，黄东流，刘润生. 基于三阶段 DEA 的我国区域科普投入产出效率研究 [J]. 科技管理研究，2018 (6)：40-47.

[31] 曾国屏，牛桂芹，邓华，等. 科学传播普及问题研究 [M]. 北京：清华大学出版社，2015：25.

[32] 赵东平，蒋德军，周丽娟. 学会科普工作存在的问题及解决对策 [J]. 学会，2019 (4)：52-53.

［33］郑念．我国科普人才队伍存在的问题及对策研究［J］．科普研究，2009（2）：21-31．

［34］中国科普研究所．2018中国公民科学素质调查主要结果［R］．全民科学素质纲要实施工作办公室，中国科普研究所，2018．

［35］周敏．科普人才培养体系建设面临的主要问题及对策［J］．科技创新导报，2019（3）：254-256．

［36］朱延彬．科普·科普文化·科普文化创新［C］//2009全民科学素质行动计划纲要论坛暨第十六届全国科普理论研讨会．

第三章

金融骗局的典型形式及其成因

第一节　金融骗局的典型形式

在如今经济快速发展变化的时代，"众筹""投资""炒金""原始股""新资本""致富梦想"等不断演绎成新的金融骗局，贵金属交易骗局、原始股骗局、庞氏骗局频繁出现！仅 2018 年，全国各地就打击亿元以上大案 445 起，涉案金额 2064 亿元，处置完结 3500 余起积案。而由最高人民法院发布的数据（见图 3-1）显示，近三年金融诈骗案件发案量持续下降，由 2016 年的 1.4 万件下降到 2018 年的 8400 件，平均降幅超过 20%。

图 3-1　2016~2018 年金融诈骗案件发案量（单位：件）

资料来源：最高人民法院《金融诈骗司法大数据专题报告》。

尽管金融诈骗案件发案量总体在下降，但集资诈骗作为金融诈骗的重要类型，近两年发案量逆势上升，如图 3-2 所示。2018 年全国新发集资诈骗案件近 1400 起，比 2016 年的 1100 余件增长 27%。互联网金融平台、投融资中介机构、私募股权基金、商业零售等领域诈骗案件发生愈加频繁，集资手段五花八门，不断翻新升级，让人防不胜防。

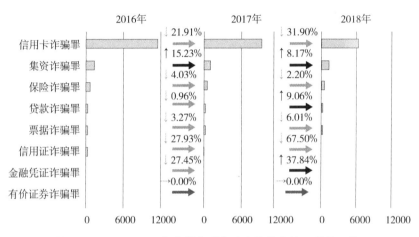

图 3-2 2016~2018 年各类金融诈骗案件发案量（单位：件）

资料来源：最高人民法院《金融诈骗司法大数据专题报告》。

让我们通过贵金属交易、原始股和庞氏骗局的桩桩件件骇人听闻的案例，拨云见日，挖掘其成因，警示人们管好自己的血汗钱、养老钱，避免上当受骗，让骗子无机可乘！这已刻不容缓！

一、贵金属交易骗局

（一）什么是贵金属交易

贵金属一般主要指金、银和铂族金属（钌、铑、钯、锇、铱、铂）8 种金属元素。这些金属中的大多数都具有不易褪色、鲜艳漂亮的金属光泽，化学稳定性较强，一般情况下不易与其他物质发生化学反应。

贵金属交易是即期交易，即非实物交易，是指投资人在对贵金属市场的经济前景看好的情况下利用低买入、高卖出来赚取差价的过程，或者在不看好其经济前景时所采取的一种确保资产保值增值的避险手段。储量有限使贵金属成为一种很好的套期保值工具，因而贵金属自身具有极佳的避险功能，可以用来对抗经济通胀；与此同时，不同于其他资产，黄金在全世界都通行，因此其在市场上不容易被操纵和控制，不容易造成崩盘的局面，更不存在折旧的问题。一周之内共有 5 天可以进行全天候 24 小时的贵金属交易，让投资者随时都有好的投资机会。贵金属交易实行保证金制度，成倍地放大了收益和风险。

《中国金属电子交易市场研究报告》的数据显示，仅 2010~2012 年我国成立的各类贵金属交易市场就达 75 家，几乎占整个金属交易市场总量的 1/3。而截至 2012 年年底，报告提及的金属类交易市场中，涉及贵金属类的占比一半以上。另外，已经有超过 3000 家涉及贵金属的交易市场及代理商、会员企业。在这种惊人发展速度下，行业的乱象可想而知！

（二）贵金属交易缘何成了骗局——狼披上羊皮

1. 交易商是披着羊皮的狼——冒充交易资质

交易商会对投资者谎称自己为某交易场所的会员单位，可以帮助投资者直接进行交易。此外，也有一些交易商直接冒充交易场所吸收投资者。

2. 交易平台骗羊——低价诱惑投资者进入非正规平台

投资贵金属首先应该选择一个可靠正规的交易平台，然而很多不正规的小平台抓住了投资者贪图小便宜的心理，用低利差以及各种优惠条件吸引投资者在其平台进行频繁的贵金属投资交易。投资本身就是一种收益与风险并存的行为，加之不正规平台以提供低利差来吸引投资者的方式，更加让平台不可避免地选择其他方式来补充利润，结果当然导致投资者的损失。

3. 狼搭戏台唱双簧引羊入瓮——搭建假平台、构建假交易品种、操纵平台报价

交易商为了吸引投资者，会专门搭建一个虚假平台，自行操纵平台数据，并伪造低风险但高回报率的业务品种。

贵金属交易平台可以在后台修改数据，前期展现给客户营利的状态。当客户投入大量资金后，贵金属平台就会更改数据，把营利变为亏损，直至账户上的所有资金亏损到零。

4. 狼软禁了羊——阻止客户交易

如果投资者账户营利，想要获得浮动利润的头寸，提现以"落袋为安"，执行人工清算平仓，交易平台便会阻止投资人直接交易或者关闭服务器，导致客户端频繁掉线而退出，让客户无法清算赚取的浮动利润。

5. 狼吃羊——交易商直接参与交易

交易商为客户提供交易平台的同时自身也进行交易，而且与客户形成对赌关系，进行相反的操作交易，因而客户的资金自始至终都只在平台内部循环流通，结果必然会导致一方营利另一方亏损。客户如果要求撤销投资，平台就会以客户违规操作无法交易为由，直接注销客户的账户。

6. 狼以帮羊的名义宰羊——代客操作造成亏损

很多不正规的贵金属交易公司往往利用投资人不熟悉金属交易规则、不清楚相关金融法律法规的特点，以"炒外盘"为幌子，声称可以直接参与国际贵金属市场交易，引诱投资者出资。我国法规规定，国内的自然人和法人均只能通过合格境内机构投资者（Qualified Domestic Institutional Investor，QDII）进行境外投资，而且需要经过严格的审批程序，否则会涉嫌违规，不受法律保护。

（三）贵金属交易骗局典型案例

1. 你贪的是人家的利息，人家要的是你的本金——"泛亚"事件

"泛亚"被称为"世界上最大的稀有金属交易所"，涉案人数达22万人之多，430亿元资金无法追回。事件发生后，一个受骗者道出了自己与"泛亚"的悲情故事——你贪的是利息，"泛亚"要的是本金。就这样，"泛亚"事件的始末逐渐传遍了网络。

2011年2月16日，一家为"昆明泛亚有色金属交易所"的民营企业诞生，法定代表人为王清民，董事长为单九良，注册资本1亿元。其交易所的一款名为"日金宝"的产品具有实时利率每日结算、资金随进随出的特点，年化收益率高达13%，如此丰厚的收益引得投资者竞相投资，而且投资金额巨大。然而，从2015年2月开始，该产品赎回时间变长，兑付危机逐步外露。7月投资者发现，其存放在"泛业"账户的个人资金遭到"冻结"，无法支取。8月底，资金链断裂的"泛亚"停止接受委托受托业务，并宣告投资者从单纯的财务投资者变成高价囤积的现货持有人，将那些无人问津的现货强行推给投资人。这直接引发了投资者极大不满，众多投资者集体维权，喊

出"活捉单九良，还我血汗钱"的口号。直到那时，投资人才意识到所谓的"泛亚"模式不过是一种披着贵金属交易外衣的新型庞氏骗局，以新补旧，先进入的投资者获得的收益用后进入投资者的投资款支付，制造赚钱的虚假繁荣景象来骗取更多的投资。2015 年 12 月 22 日，昆明市人民政府发布通报称，"泛亚"的该业务涉嫌违法，公安机关已经展开调查。

通过金属现货投资和贸易平台，"泛亚"自购自销，操控平台价格，维持其价格比现货市场价格高出 25%~30%，每年增长约 20%，以此对外制造交易频繁的假象和错觉，借以包装一些高收益产品，如所谓的"日金宝"等。但实际上每年 20% 的涨幅只是为了让"泛亚"的价格始终高于现货市场的价格，所以也从来不会有真正的买方，更没有真正的增量资金；而交割公司也无须补缴保证金，投资者得到的高收益不过是自己原先注入的本金或者后来投资者的本金。一旦新增资金进入速度放缓甚至停止，整个系统就会崩溃。"泛亚"模式如图 3-3 所示。

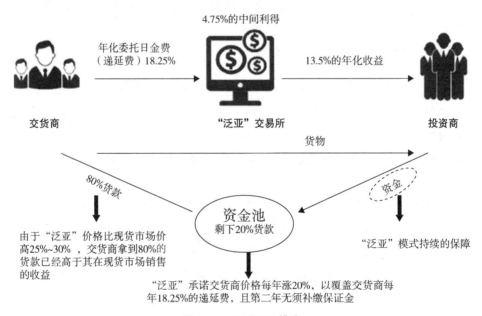

图 3-3　"泛亚"模式

资料来源：如是金融研究院。

2. 空手套白狼——"LOK 现货黄金"投资骗局

2015 年 11 月，广东省惠州市警方经过周密部署，一举捣毁一个大型电信诈骗团伙的据点。该案件涉案金额 1000 多万元，涉案电脑 79 台，受害人数达 700 多人，涉及举报 82 起。

经警方调查核实，两家根本就没有资质的骗子公司——"广州西点投资管理有限公司"和"广东鑫梦贵金属经营有限公司"，却在进行黄金交易！而且，投资者投入的"真金白银"压根就没有进行转账投资，而是通过第三方支付平台进入了骗子的个人账户。

骗子公司租用 LOK 和 FTP 虚拟交易平台，并且这两个交易平台自带风险控制程序。他们招募和培训了大量推销员，通过虚构身份、夸大投资收益、馈赠礼品等花招诱骗受害者投资现货黄金，请君入瓮。然而，这只是"一场游戏一场梦"，其实根本就没有什么黄金交易，进行"交易"的只是一个虚拟平台，受害人投入的资金早已被"掳走"，受害者的"交易"活动一直被骗子公司的系统后台全程控制，所谓的"交易"，只不过是数字游戏。一旦受害者投入资金，骗子公司员工就开始扮演"理财师""专家"等各种专业人士，通过各种群给受害人灌输"唯有听取专家意见才能赚钱"的理念，向受害者推介买卖节点。为了打消受害者的疑虑，骗子公司会让他们获取一定的账面利润。此外，为了诱骗受害者多次投入资金、投入更多的资金，骗子公司还设置各种优惠活动和开设 VIP 会员等高门槛服务。当受害者想撤出交易时，骗子公司会以各种理由百般推托，致使投资者所投资金全部"亏损"，血本无归。至此，骗局便完整实施，投资者欲哭无泪，幡然醒悟。

（四）如何防止贵金属交易骗局——修炼防狼术，让狼无所遁形

1. 立法

通过国家立法的形式，明确和规范各类交易所的业务活动和经营范围，对贵金属交易所的合法合规性进行全面界定，如设立和退出条件、担保要求、监管条件等各项内容均应该有相应的法律依据作支撑，让执法部门有法可依。同时，不能因噎废食，"一棒子打死"，对于满足市场经济发展需求而适时出现的民间和地方性贵金属交易所，若其充分保障了投资者的利益，应该有相应的法律保障其合法性。对于损害投资者利益的交易所，对其进行的整改、

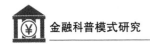

取缔或撤销工作也应该提供法律依据。

2. 成立专职监管机构

成立专职监管机构，专门从事对贵金属交易所的设立资质审批以及贵金属交易市场的准入许可和业务监督管理和指导的工作。尤其应该严格审批各地区和民间贵金属交易市场的成立资格，对于严重损害投资者利益的，应依法予以处罚、取缔。

3. 信息公开透明

在保护投资者合法权益的前提下，应该充分利用大数据的优势，以信息化、智能化、市场化的调节手段来解决信息不对称的问题，确保交易所的信息披露更加公开、公正、及时，内容更加翔实可靠且全面。同时，为促进市场经济和投资环境的健康发展，更好地服务于金融和实体经济，应从交易所自身出发，充分调动自身积极性，不断完善交易规则，持续优化升级交易系统。

4. 脱虚向实

实体经济是国家经济的立身之本，其重要性不言而喻。虽然金融经济发展不可或缺，但其发展的出发点应该以实体经济为根本，遵照市场的发展规律和企业套期保值的现实需求制定交易规则，基于价值理念形成价格机制。为避免出现赌博盘和高风险盘等造成社会经济不稳定，应从交易规则上限制某些投机分子过分的投机行为。

5. 行业自律

除以法律为依据，辅以必要的行政手段对贵金属市场进行清理整顿，保护投资者利益不受损失以外，还应博采众长，借鉴其他行业发展的经验，建立贵金属行业公约和自律条例，发挥和调动贵金属行业协会的积极性，调解和解决行业现存的部分争议问题，不断扩大其行业影响力，以完善行业的各类信息披露机制。

6. 提升从业人员素质

首先，应通过从业资格考核等方式设立行业准入门槛，以提高行业从业人员和投资者的整体素质，完善行业人才培养机制。其次，为提高交易所从业人员的业务操作水平和对投资者的风险鉴别能力，可以采用注册机制，对持证人员的专业素质和职业道德进行定期考核与评估监控。此外，行业协会可以通过组织开展各类培训课程来加强投资者的风险意识，引导其进行合理科学的投资。

7. 学习和借鉴国际反洗钱的先进经验

借鉴发达国家有关贵金属行业反洗钱的监管经验：首先，应该完善贵金属行业的反洗钱监管法律法规，让执法者有法可依；其次，应该对贵金属的行业范围进行明确界定，明晰反洗钱义务的主客体；再次，应该对经销商提出明确具体的反洗钱工作要求；最后，监管部门应该对经销商进行风险评估、法律法规培训及测试。

二、原始股骗局

（一）原始股——"馅饼"？"陷阱"！

原始股是公司上市前已经发行的股份。在中国股市的早期阶段，股票在一级市场上以发行价公开发行。社会上出售的所谓原始股，一般是指股份公司成立时向公众公开募集的股份，之后通过上市获取数倍甚至数十倍的高回报，远比银行利息高得多。在普通人看来，原始股一直是低风险高回报的代名词：可口可乐原始股不可思议的超高收益率一直为人们津津乐道；阿里巴巴的上市更是造就了几十位亿万富翁、几千位千万富翁、几万名百万富翁……无数案例让普通民众为原始股而"疯狂"。然而，山东、天津、河南等多省（区市）近年来发生的以"原始股"为名的投资骗局不断增多，众多投资者"竹篮打水"，空欢喜一场，投入的巨额资金血本无归。

近几年，新三板、新四板在中国资本市场上较为活跃，很多在新三板、新四板上市的公司开始售卖原始股。2015 年 6 月，河南某农业科技公司在上海股权托管交易中心（地方性场外交易市场）挂牌后，开始发售原始股。无独有偶，同年 8 月，河南某珠宝公司——一家刚在上海股权托管交易中心挂牌不足一月的公司，在郑州首发原始股，现场售卖原始股达 1000 万元。更有甚者，竟然在淘宝网上售卖自己公司的原始股，声称只要百元即可获得部分股份。这些原始股售卖行为，尤其在监管相对宽松、上市条件不那么苛刻的新三板、新四板较为普遍，它们都有一个共同的特征，即鼓吹低风险并承诺高收益。此外，一些还未挂牌的企业也蠢蠢欲动，对投资者许诺公司不久会挂牌新三板，而后登陆创业板或中小板上市，以此吸引投资者购买原始股。

一夜暴富的神话真实存在过，这让很多求富心切的投资者幻想着自己成为下一个被"馅饼"砸中的幸运儿。因而，当一本万利的高回报又低风险的投资出现，投资者当然激动不已，欲罢不能。何以平复，唯有砸钱！殊不知早已跌入骗子的陷阱，难以脱身。

表3-1显示了部分被原始股投资方式诈骗的受骗人与公司，以此管中窥豹，可见一斑。

表3-1　部分被原始股方式诈骗的受骗人与公司

序号	股权名称	行骗公司所在地	受骗金额/万元	受骗人所在地
1	临涣水务	北京	50.9	沈阳
2	东海租赁	上海	19	仙桃
3	硅海电子	重庆	10	
4	硅海电子	重庆	14	
5	硅海电子	重庆	115	
6	硅海电子	重庆	42	新疆
7	硅海电子	北京	20	天津
8	硅海电子	山东	18.7	
9	硅海电子	郑州	49.4	苏州
10	洪鑫互联		21.6	合肥
11	科得新材	重庆	16.2	石家庄
12	利伟生物	武汉或北京	100	上海
13	利伟生物	北京	74.8	北京
14	利伟生物	北京	12.4	武汉
15	利伟生物	北京	33	河南
16	利伟生物	北京	70	天津
17	利伟生物	北京或郑州	67	山东
18	利伟生物		149	福建
19	利伟生物	北京	49	泉州
20	四川唯鸿	安徽	58	浙江

续表

序号	股权名称	行骗公司所在地	受骗金额/万元	受骗人所在地
21	天人霍山 石斛中旭	南京	700	苏州
22	天人节能	南京	18.5	北京
23	五洋通信		93	厦门
24	五洋通信	北京	48	东莞
25	鑫海矿装	北京	20	山东
26	亚茂光电	重庆	33	合肥
27	艺根新材	北京	12.9	西安
28	玉宇环保	湖南	39	
29	远大特材	上海	45.9	苏州
30	大华新材	重庆	12.5	温州
31	四川唯鸿	合肥	58	浙江
合计			2001.2	

资源来源:《经济》。

(二) 原始股骗局的各色"鸿门宴"缘何频频得手

1. 通过电商平台非法销售原始股——承诺低风险、高收益

骗子公司通过电商平台对外承诺购买本公司的原始股上市后可以获得高额的回报,若不能正常上市,也会以高价退回原始股,即给予投资者稳赚不赔的机会。比如,淘宝店"好再来韩版品牌女装"声称"以7.5元/股、5万股起投,转让新三板鹿城银行的股权",并称该银行在主板或中小板等公开募股或者转股,到时候投资者可以售出手中股份,高溢价退出。当然鹿城银行随后发出了澄清公告。又如,淘宝店"金融郎私募"不仅出售新三板原始股,而且有自家专业团队帮助投资者进行市场分析。更有淘宝店不只经营"新三板股权转让"业务,还兼营"各板块推荐上市"等业务。电商平台上诸如此类的事件不胜枚举,投资者难免被蛊惑,迷失方向,落入陷阱。

《证券法》明文规定,任何单位和个人未经法律核准,不得公开发行证券,而且发行场所仅限于正规的一级资本市场。所以在电商平台上售卖原始股的行为显然是违法的。那为何这种违法行为仍然让投资者趋之若鹜呢?究其原因，有如下几点：首先，投资者本身就不清楚股权转让的相关法律程序和交易规则；其次，店家利用信息不对称，单方面鼓吹自身原始股的高收益，投资者在不清楚对方公司的实际情况下受到高收益的引诱疯狂买入；再次，在电商平台上售卖原始股只是噱头或者炒作，营造一种虚假繁荣的假象，目的是吸引投资者进行线下了解和购买；最后，电商平台出售的原始股价格并不高，投资者也知道其风险，但仍然愿意花钱赌一把。

2. 以"高大上"的名义引君入瓮——直接或间接出售空壳公司股权，伪造项目，混淆挂牌与上市概念

一些企业利用地方性的股权转让市场来冒充上市公司发售原始股，将一家在地方股权平台挂牌的公司虚假宣传为即将上市的公司，鼓吹其发售的原始股具有暴涨潜力，吸引投资者购买。投资人若分不清"挂牌"和"上市"的区别，自然会落入其陷阱。

在近几年各地发生的原始股骗局中，很多行骗者都宣称自己公司为"上海股权托管交易中心"的挂牌企业，有明确的上市代码。然而实际上，"上海股权托管交易中心"只是一个地方性场外交易市场，行骗者正是利用其名称与"上海证券交易所"容易混淆来欺骗不知内情的消费者。公司会在短时间内注册成立一家空壳公司，租用高档办公场地，虚构利润可观的项目，举行各种路演，精心包装和宣传造势，让投资者认为这是一家很有潜力的企业，其股票优质，大可入手。公司对外宣称即将上市，并且具备了职能部门背书的条件，还出具一系列上市所需的文件，让投资者深信不疑。上海优索环保案就是一个典型例证。

3. 巧立名目，撒饵钓鱼——以上市融资、稀有货币为"饵"

一些企业以即将上市但资金不足为理由，以高额回报为诱饵，通过股权融资等名义集资诈骗。南京一家电子科技公司声称其 2016 年将在新三板上市，但目前资金不足，需要通过股权融资，任何购买公司 5 万元以上的股权投资者都能够成为其公司的创始股东。还有一些不法分子利用一些比较稀有的货币（如印度卢比、南非兰特等）充当境外原始股来欺骗投资者。

4. 明知山有虎，偏向虎山行——投资者相信天上会掉馅饼砸中自己

原始股骗局之所以能够屡屡得手，关键是存在很多原始股一股万利的神

话，让人心存暴富幻想。2004 年，腾讯在中国香港挂牌上市，造就了数位百万富翁，2012 年其股票已经突破 200 港元，而当年的 1 元原始股如今已经超过了 14000 元；2005 年百度上市，一天之内就造就了 8 位亿万富翁、50 位千万富翁，连前台的接待员都成了百万富翁；还有格力电器、贵州茅台等，原始股暴涨的例子数不胜数。

正是这些真实存在的案例让大部分人心存幻想，认为馅饼也会砸到自己，因此他们不愿意错过任何一次可能暴富的机会。而行骗者正是利用投资者这种对财富的极度渴望心理展开骗局。

（三）原始股骗局典型案例

1. "上海中酱" 骗局

上海中酱酒业有限公司（以下简称"上海中酱"）成立于 2012 年 9 月，主营酒类商品的批发零售。自 2014 年 3 月以来，上海、黑龙江、山西等省（区市）数百名投资者购买了上海中酱的封坛酒产品，双方签订关于该封坛酒的认购及托管服务合同。合同要求投资者要想认购一份 10 万元的封坛酒作为原始股权，必须要先购买 7 万元的礼品酒成为会员。该公司承诺，认购的原始股权可以在公司上市后转为相应的股份，而且如果公司不上市，也可以在合同有效期满 1~3 年以溢价进行回购，保证投资者稳赚不赔。此次吸收的投资者超过 600 人，总金额超过 2 亿元。然而，到了公司先前承诺的上市日期，投资者们并没有看到该企业作为"国酒后起之秀"在资本市场的首秀。后来原本打算收购该企业的各大企业终止了收购计划，部分企业也从该公司撤资，让不少投资者感到不安，他们希望撤回投资。但是上海中酱以"公司把钱都投入项目中去"为由拒绝投资者撤资的要求，称要想撤资只能等到公司上市之后。

实际上，"注册成为会员""购买原始股票""溢价回购""人数超过 200人"等，都已经充分证明上海中酱的做法涉嫌非法吸收公众存款、集资诈骗等罪名。高额利润、政府站台，让这个有着"国酒后起之秀"美称的上海中酱为无数投资者编织了一个依靠上市一夜暴富的荒唐美梦。而梦终醒来，投资者才幡然醒悟，这一切不过是一个彻头彻尾的原始股骗局。

2. 上海优索环保案

上海优索环保科技发展有限公司（以下简称"优索环保"）成立于 2013

年，是一家环保高新技术企业。该公司实际控制人是段国帅，公司设立了多家分公司，一直以来借助互联网对外树立"环保产业的先锋企业"的良好形象，因此公众认为这是一家"绩优股"企业。公司于 2014 年在上海股权托管交易中心核准挂牌，成功完成"信用背书"之后，便对外宣称自己是"上市公司"。在段国帅的领导下，公司举行了"增资扩股"的发布会，宣布将定向发行原始股，资金用于在全国上百个城市建设垃圾处理厂。同时承诺该原始股的年度投资回报率可高达 48%，该收益率超过同期银行存款收益 20 倍。如此高的回报率，让该公司在短短几天内非法集资超过两亿元，上千名投资者投资。然而短短一个月后，公司就发生兑付危机，因为该原始股本身就没有流通性。两个月后投资者发现该公司早已人去楼空，投资者血本无归。

事实上，该公司从来没有提交过上市申请，其骗取的资金也没有真正用于建立垃圾处理厂。从头到尾，公司都在故意混淆"挂牌"与"上市"的概念，将自己伪装成上市公司诱骗投资者购买其所谓的原始股。

（四）如何防止原始股骗局

1. 监管方

（1）加强原始股信息的披露和监管。原始股骗局之所以此起彼伏、层出不穷，根本原因在于对于非上市公司发行原始股的信息披露监管不足，甚至处于空白状态。A 股上市公司的信息披露有严格的规定和监管，而未上市公司不仅没有对外披露财务报告的要求，更没有营利的要求。这样使投资者完全处于信息劣势，只能听信公司的"一家之言"，因而容易受到蒙骗。因此，应该加强原始股信息的披露和监管，从源头上挤压原始股骗局的形成空间。

（2）原始股应有明确的财务指标要求。要登陆主板市场，公司必须满足一定条件，如连续三年营利且累计超过 3000 万元等。但实际上原始股的发行，似乎只需要成立一家公司即可。如此低的进入成本和高收益，自然给一些不法分子提供了敛财的好机会。应该借鉴上市公司营利要求的经验，对于要发行原始股的非上市公司也设置一定的营利要求，提高原始股发行的门槛。

（3）建立透明的定价机制。原始股的转让主要是通过协议，买卖双方根据约定价格实现股权转让，透明度较低，也不够公允，这让不法分子的可操作性更强，对后续警方办案也造成困难。相比之下，A 股股票价格通过竞价形成，市场上投资者共同出价，遵循价格优先和时间优先原则，因此价高者得，成交价较为公允，不容易被不法分子所操纵。原始股也应该建立透明的定价机制，形成一个公开透明的市场，降低诈骗者的不法行为。

2. 投资者

（1）了解真正的原始股。投资者之所以屡屡被骗，根源在于对原始股不了解。一般公司公开发行原始股，是为了以后能够上市，进行股权改制。这种原始股发行之前就已经存在溢价，一旦上市溢价水平很高。但是公司上市有严格的审核程序，公司自己根本无法决定。投资者不能听信公司自身的说辞，应该先去一些网站查找相关准则条例了解原始股的发行条件、了解目标公司发行原始股的合法性、公司上市的进展情况，再做出正确的选择。

（2）谨记投资风险。股票本身就是高风险高收益的投资工具，原始股作为股票的一种也不例外。虽然其在上市之后可以获得几倍甚至几十倍的高溢价，但公司上市与否并不是定局，要通过层层审核才能通过。一旦公司未上市，那么高溢价只会变成一个美梦，瞬间化为泡影。而且很多公司为了上市会极力粉饰财务报表，甚至进行财务舞弊造假，使得营利能力、偿债能力等符合上市条件，其上市变得更加不确定。因此，投资者在购买原始股之前，务必要权衡自己的风险承受能力，客观分析该公司发展前景和上市的可能性，不盲目听从宣传者描绘的美好蓝图。

（3）识别非法原始股。要从根本上抵制原始股诈骗案件还要从投资者入手，让原始股诈骗失去存活的土壤。投资者应该明白股票发行法律知识。证监会是我国证券市场专职的监管机构，投资者应该多关注该机构发布的动态消息。然而原始股发行程序较为复杂，而且很多信息来自公司内部，公众根本无法了解，因此要每个投资者系统学习相关法律知识来避免上当受骗似乎并不可行。投资者可以通过几个关键点大致识别原始股合法与否：首先，发售原始股是否经过证监会核准；其次，原始股承销商是否具有合法承销资质；再次，发起人是否已经认缴必要的股票份额；然后，投资款是否通过银行收取；最后，发行方和承销商是否有投资风险提示。若答案都是否定的，则该原始股属于非法原始股。

三、互联网金融模式下的庞氏骗局

庞氏骗局是一个名叫查尔斯·庞兹的意大利投机商"发明"的，是通过许以高额回报来吸引投资者，拆东墙补西墙，用后来者的钱向先前的投资者支付利息，以制造赚钱的假象进而骗取更多的投资。尽管后来衍生出很多变种，但所有的庞氏骗局无疑都利用了人们想一夜暴富的心理。

互联网金融模式下的庞氏骗局和各种衍生骗局，如各种借贷平台、金交所、文交所、资金盘等，号称"保本高收益"，用各种高息承诺诱惑投资者，其实根本不打算兑现，也不可能兑现。互联网金融模式下的庞氏骗局的案例多不胜数，e租宝、MMM 理财骗局、温州书画宝、南京钱宝网等，涉案金额往往数以百亿元计，个个都是"惊天大雷"。

（一）互联网金融的含义和特点

互联网金融是在互联网浪潮下诞生的一种新型的金融业务模式。在这种金融模式下，互联网企业与传统的金融机构通过移动社交网络、网络搜索引擎、移动支付和云计算等信息通信技术和互联网工具达到有机结合，进而为金融投资者提供融资、投资和信息中介等服务。

互联网金融具有以下特征。其一，交易门槛低。相较于传统银行理财高门槛（如起点 20 万元以上），互联网金融的低门槛（如 e租宝"1 元起投，随时赎回"）会吸引公众广泛参与。其二，网络平台运行效率高，交易数量大且程序运行成本低。其三，交易方式简便快捷。相较于传统金融的出门、排队等待、审查烦琐、手续复杂、服务态度恶劣等问题，互联网金融足不出户、交易自主、手续简化、无纸化办公，具有简便快捷优势。

作为互联网与传统金融行业相结合的新兴领域，互联网金融涉及的具体业务囊括了 P2P 网贷、互联网理财产品销售、消费金融、小额信贷、大众筹资、第三方支付等领域。在互联网金融模式下，便利的第三方支付、云计算和搜索引擎等互联网工具降低了信息处理成本，资金供需双方可以在线上自行进行信息筛选、匹配，直接完成定价和交易，无须传统金融中介机构的参与，大幅减少了交易成本。同时，互联网金融业务通常在线上网络平台进行处理，操作流程完全标准化，可以快速实现资金流通，提高了资源配置效率。但同时，互联网的虚拟性、空间性也使得网上金融交易存在不确定性，相关法律还不够完善、违法成本较低，容易导致维权困难的情况。此外，互联网金融平台质量良莠不齐，存在较多的庞氏骗局。

《2018 年互联网理财指数报告》指出，2013～2018 年我国的互联网理财指数由前些年的持续上升转为近年来下行。由图 3-4 可见，从总体来看，互联网理财指数的趋势是不断上升的，尤其是 2015 年和 2017 年，增幅明显。由于不少 P2P 网贷平台在 2018 年集中暴雷，2018 年的互联网理财指数受到了不小的影响，相比 2017 年的 695 点，降幅高达 23.45%，跌至 563 点。

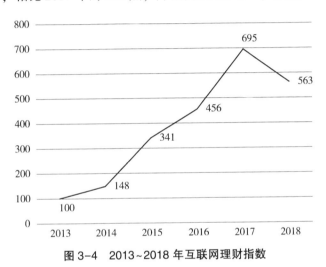

图 3-4　2013～2018 年互联网理财指数

（二）庞氏骗局

1. 庞氏骗局的本质——你盯着人家的利润，人家盯着你的本金

在庞氏骗局中，不法分子允诺的收益率往往远高于市场平均的收益率，少则百分之十几、百分之二十几，多则十分离谱，高达百分之六七十，令不少投资者难以抵住诱惑，纷纷进场。加之不法分子采取"拆东墙补西墙"的方式，将新客户的投资作为高额利息支付给前期投资者，确实让前期投资者在短时间内获得了高额回报，更使得许多投资者信以为真，不断入场或追加投资。但由于这些受骗者投资的企业或项目往往都是虚设的，根本没有实际业务和营业收入，无法持续向投资者支付高额返利。一旦没有新入场的资金、资金链断裂，虚假繁荣的局面崩盘是迟早的事。相关负责人卷走沉淀资金跑路，消费者血本无归，成为最终的受害者。较之一般的金融诈骗，庞氏骗局

波及人数更多、影响面更广、涉案金额更大、危害程度更深、隐蔽性更强，具有更大的社会危害。

互联网金融模式下的庞氏骗局是指不法分子通过搭建互联网金融平台的方式，以高额利息吸引投资者，在金融创新的名义下进行非法集资的行为。相较于传统金融犯罪，互联网金融模式下的庞氏骗局具有涉案金额巨大、受害者众多、波及区域广、影响层次深的特点。

2. P2P 与庞氏骗局

在互联网环境下，诈骗分子通过搭建互联网金融平台，如搭建金融互助平台、开发 P2P（peer to peer，个人对个人或伙伴对伙伴）网贷、App（手机软件）等方式，充分利用互联网移动支付、搜索引擎等工具，借助互联网开展宣传、营销及募集资金，大力发展新客户加入，继而疯狂敛财。以往线下的庞氏骗局，更多的是亲朋好友、同窗故旧间的"杀熟"，而发展到现在线上的庞氏骗局，任何一个互联网使用者都有可能成为受害者。而且由于互联网具有传播速度快、传播范围广的特点，这些互联网金融平台能在短期内迅速发展起来，聚集起规模庞大的资金池。但由于这些金融平台往往没有实际业务和营业收入，无法一直向投资者支付允诺的高额利息，一旦没有新入场的资金，或发生挤兑，平台运转难以为继，最终让绝大多数投资者本息尽失、血本无归。

2007 年，P2P 网络借贷平台首次被引入中国。当时 P2P 针对的主要还是小微企业及普通个人用户。这些大都是被银行"抛弃"的客户，他们的资信相对较差、贷款额度相对较低、抵押物不足。由于这部分市场是传统金融机构没有涉猎的，众多 P2P 公司抓住这个风口迅速发展起来。根据相关数据，截至 2017 年 12 月 31 日，我国 P2P 网贷平台数量达到了 5382 家。❶ 中国互联网金融协会从 119 家已经接入全国互联网金融登记披露服务平台的 P2P 网络借贷平台披露的相关信息中得出，截至 2018 年 6 月末，这些接入机构的贷款余额约为 6828.03 亿元，累计交易总额约为 40440.17 亿元，累计服务借款人

---

❶ 网贷天眼. 12 月网贷行业报告：行业继续微幅转好［EB/OL］. http://www. sohu. com/a/ 214838733_ 100093.

数约 9318.84 万人，累计服务出借人数约 3926.75 万人。❶ 从 P2P 的特点来看，其在一定程度上降低了市场信息不对称程度，由于其参与门槛低、渠道成本低，在一定程度上拓展了社会的融资渠道。

　　然而，P2P 行业频频暴雷，一时间风声鹤唳，让投资者惊恐万分。特别是 2018 年以来，网络借贷平台实施的非法集资案件集中暴雷，其中不乏一些大型知名的 P2P 平台，如钱宝网、晋商贷等。2018 年上半年，全国 721 家 P2P 平台消亡，❷ 仅仅 42 天（6 月 1 日至 7 月 12 日）内，资金高达 7 万亿元、108 家 P2P 平台暴雷，等于每天 2.6 家暴雷。❸ P2P 网贷平台的暴雷潮让投资人集体陷入恐慌，影响投资人信心，严重损害了行业形象。

　　图 3-5 为我国 P2P 问题平台的分布区域，图 3-6 为我国 2018 下半年 P2P 平台的暴雷数量，图 3-7 为我国 2010~2018 年平台的暴雷率。由图可见，在 2018 年下半年 P2P 平台暴雷潮出现，累计问题平台共计 1279 家，呈现出区域集中、时间集中、老平台暴雷率高的特点。

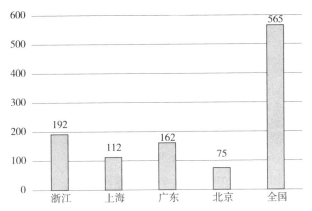

图 3-5　P2P 问题平台分布区域（单位：家）

---

　　❶　中国互联网金融协会：接入互金登记披露平台的 119 家机构贷款余额约 6828.03 亿元 ［EB/OL］. http://finance. sina. com. cn/roll/2018-07-28/doc-ihfxsxzf8142333. shtml.

　　❷　2018 年上半年 P2P 发展监测报告：消亡 721 家 ［EB/OL］. http://finance. sina. com. cn/money/bank/yhbg/2018-07-06/docihexfcvk4726871. shtml.

　　❸　侠客岛：42 天 108 家 P2P 公司暴雷，但这还没完 ［EB/OL］. http://tech. sina. com. cn/i/2018-07-16/doc-ihfkffak4982275. shtml.

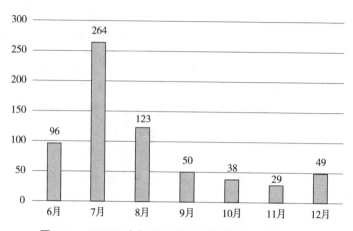

图 3-6　2018 下半年 P2P 平台暴雷数量（单位：家）

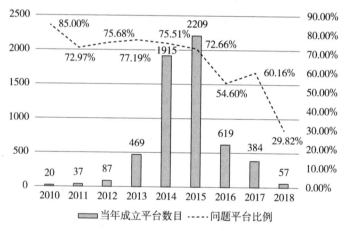

图 3-7　2010~2018 年平台暴雷率（单位：家）

　　P2P 是在欧美率先产生的互联网借贷平台模式，是"端对端"或者"个体对个体"的借贷平台，在这个平台上借入资金方和借出资金方是一一对接的，平台仅提供中介服务并收取中介费，借贷双方的资金并不会跑进平台公司口袋里。即使成批的借款人违约或者贷款人要求提前还款，提供服务的 P2P 平台并不会垮掉。至于庞氏骗局，虽然也是个舶来词，但在中国的历史比 P2P 更久远，就是拆东墙补西墙。P2P 融资平台上的庞氏骗局，不但直接造成了投资的财产损失，还间接地扰乱了国家市场金融秩序，对金融环境带来了灾难性的破坏，会使社会变得人心惶惶。

借助快速发展的互联网技术以及智能手机的普及，庞氏骗局呈现出"互联网+"和金融化的趋势，迷惑性更强且不断变异，表现出下列基本特征：利用互联网以及微信群等平台，以消费返利、众筹、虚拟货币、金融互助、养老投资等名义，利用投资者逐利的心理，许以高收益回报，开始"击鼓传花"式的游戏。当出现资金链断裂时，跑路便是最佳的选择。

3. 互联网金融模式下庞氏骗局的表现形式

互联网金融模式下的庞氏骗局归纳下来主要有四种表现形式：

（1）向投资者销售高额回报的金融理财产品。由于金融产品的设计比较复杂、又是无形的，要充分了解需要一定的专业知识。普通民众大多缺乏专业的金融知识，容易上当受骗。因此金融产品通常成为庞氏骗局的首选载体。不法分子向投资者宣传推销高额回报的金融产品，用后期投资者投入的钱支付前期投资者的利息，达到空手套白狼的目的。

（2）在线上发布虚假的投资项目。诈骗分子为了自己敛财，在网络平台上发布虚构的热门投资项目，大肆渲染，蛊惑投资者投入资金。有些平台甚至还会自编自演"秒标"的骗术——自己发标自己投，营造出热门项目一上线就被"秒走"的假象。以"秒标"的火热和紧迫给投资者以投资价值高、供不应求、机不可失的假象和错觉。

（3）搭建高回报的金融互助平台。这些金融互助平台往往在各种网络社交平台、搜索引擎等渠道发布广告进行宣传，通过允诺高利息高回报来吸引投资者投资。此外，为了发展更多投资人加入，还设置了类似"推荐注册奖励""互助奖""管理奖""平级奖"等奖金制度，按照会员级别、管理层级别，按个人吸纳会费的业绩发放对应的奖金，让"老"投资人发展"新"投资人，按进入的时间先后形成层级、计算返利数。

（4）利用网络借贷平台吸引投资者。互联网金融公司采用线下与线上结合的方式，线下虚构借款公司，自设或控制担保公司，将虚构融资项目在平台上发布，利用线上平台以低风险、高收益为口号吸引源源不断的投资者，再以后期投资者的资金投入偿付前期投资者的回报。e租宝就是采用这种模式。

（三）经典案例

1. 钱宝网案

钱宝网于 2012 年成立，到 2017 年 8 月已投资 30 余家公司，遍布 10 余省，拥有注册用户 2 亿多人，累积交易金额超 500 亿元。到 2018 年 1 月 10 日，钱宝网实际控制人张小雷已经是 74 家企业的法人代表，57 家企业的股东。截至案发，钱宝网日活跃用户达百万人，300 亿元集资参与人的本金数额未兑付。而钱宝网所剩余资金资产占未兑付本金的比例很小，实际已无兑付能力。

钱宝网的业务模式与其他的 P2P 平台不同。它最初并没有向投资人允诺高额回报，而是另辟蹊径，采用一种循序渐进的方式，使得投资者一步一步越陷越深。钱宝网的业务模式分为"做任务、赚外快"、QBII 模式和微商入驻三类。

（1）钱宝网的业务模式。

1)"做任务、赚外快"模式（见图 3-8）。钱宝网的第一种业务模式门槛比较低，就是交一笔保证金后，做一些简单的任务就可以获得一笔收益，还可以返还之前交的保证金。任务包括每日签到、推荐新人注册钱宝网、绑定手机和银行卡等，操作起来非常简单，再加上钱宝网及时的收益反馈，有利于大力拉拢新用户。钱宝网将这种获取收益的方式称为"领工资"。但实际上收益并不与劳动量相关，而是与投入的资金挂钩。如果想要更高的回报，就意味着要更多的资金投入，而所谓的工资其实是钱宝网用来引诱投资的一种高额回报。按照钱宝网的宣传，只要每日完成规定的任务量，获得的收益就高达 40%~60%。由此可见，钱宝网看似没有许诺高利息，但它所谓的"工资"实质上并非真正的劳动所得，而是将高额利息换了一件"马甲"而已。

2）QBII 模式（见图 3-9）。QBII（Qualified Qbao Institutional Investors，合格的钱宝投资人）模式是钱宝网推出的合格投资人模式，即用户对"钱宝网"系公司进行股权投资，间接或直接持有所投公司的股份，进而获得相应权益，包括参与钱宝网业务的经营决策、获得钱宝网旗下公司的分红、具备所有业务标的的运营权、进入钱宝投资人核心社交圈等。

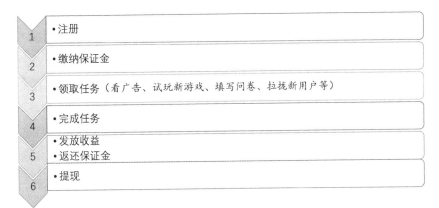

图 3-8　钱宝网"做任务、赚外快"模式

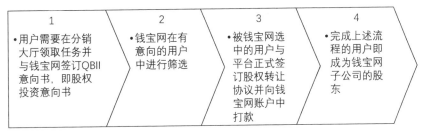

图 3-9　钱宝网 QBII 模式

在钱宝网 QBII 模式下，用户先要缴一定数额的保证金，通过完成任务来获得工资。在任务周期结束后，再将对应保证金金额投入钱宝系企业作为股本。以"QBII-雷神空天"项目为例，投资人要上缴 69 万元的保证金，整个任务的周期为 74 天，在周期内完成一定任务后可以获得 61328 元的工资，年化收益率高达 43.58%，如果提前赎回的话就要面临 42929 元的罚金。根据意向书的约定，在任务周期结束后，投资人还需将返还的保证金金额同日存到钱宝网指定的银行账户中作为股权投资的本金。钱宝网处心积虑推出的 QBII，正是私募股权投资。因为投资人买的是股权，按照相关规定，投资人购买的股权只可以卖给下家。在这种情况下，钱宝网用 QBII 来借新还旧，到时候投资人拿到了钱宝网旗下的空壳公司股票，而创始人张小雷却可以拿到了钱。这就是张小雷口中所说的钱宝网转型，也就是所谓的"债转股"。

3）微商入驻模式。2015 年，钱宝网发布了 3.0 版本，在原来"做任务、赚外快"的基础上进一步增添了社交、购物、分享等功能，全面转型成微商平台。据钱宝网宣传，只要缴纳两万元押金就可以作为微商店主入驻钱宝网开店，一旦要退出平台还可归还押金。店主可以在平台发布"推广任务"，让用户看广告为其产品做推广，收益也与用户缴纳的保证金挂钩。此外，微商在与用户的交易中，钱宝网会按一定比例抽取佣金。截至 2017 年 9 月，钱宝网官方数据显示已有 48 万多家商家入驻。

综上所述，钱宝网的上述业务模式均以保证金或押金为起点，且在做任务期间保证金会被冻结，任务完成后方可解冻，但在冻结期保证金并未交给第三方银行进行存管，仅靠平台自律，用户对保证金和押金的去向也无从得知。可见，这种业务模式的金融风险非常高，存在巨大的安全隐患。

（2）钱宝网的收益模式。

"钱宝"是钱宝网唯一的流通货币，是一种虚拟货币，可以用来申请任务、赚取"工资"。当用户账户资金超过 2000"钱宝"，即可申请提现。"钱宝"还可使用第三方支付平台或者网上银行充值购买，"钱宝"与人民币的兑换比例是 100∶1。钱宝网在给用户发放奖励时，除了会用"钱宝"外，还会用"宝券"。"宝券"不能用于提现，但可以在购物时作为抵扣券，可以抵扣支付"雷拍"（钱宝网中一种微商拍卖活动）、兑换抢红包的机会、抵扣支付宝账单以及购买电影票。

钱宝网通过开发多种商业模式，疯狂吸取用户的资金。由图 3-10 可见，钱宝网的返利来自新用户的加入，用新用户所投入的保证金来支付老用户的利息，这就是一种典型的庞氏骗局，只是被钱宝网穿上了"新马甲"。钱宝网披上"金融创新"的外衣，用复杂隐晦的术语掩盖它的本质。由于有小部分用户赚取了实际利益（见表 3-2），再加上广告大力宣传，使得钱宝网的名声大噪。在这种"赚钱效应"和"病毒效应"下，越来越多投资者加入钱宝网，投资的金额也越来越大，每个人都相信自己账面上飞涨的数字就是自己的财富，最终形成一个庞大的"资金池"。

（1）签到 用户每天在钱宝网上签到即可获得总资产一定比例的收益

（2）做任务 用户在领取任务并按规定完成任务后所得的收益，任务收益占用户总收益的比重较大

（3）宝券奖励 钱宝网以宝券作为奖励发放给用户，对一些活跃值较高的用户来说，完成任务后就能得到一定数量的宝券奖励。此外，通过分享链接、充值游戏等也能获得数量不等的宝券

（4）发展下线推广 每一位钱宝网会员发展一名新用户就能获得一定的收益

（5）宝购商品套利 钱宝网的"宝购"平台会不定期开展优惠活动，如在宝购平台购物可返50%宝券（类似于五折购买商品），用户可以通过这种优惠活动在不同的市场间进行套利

（6）红包 抢红包收益的玩法较为灵活，用户通过抢红包的方式获得收益也具有一定的随机性

图 3-10 钱宝网用户收益组成

表 3-2 钱宝网某用户收益清单

投入：100 万元	期限：30 天		
总收益：57430.39 元	年化收益率：68.92%		
平均收益	1914.35 元/天	57430.39 元/月	698736.41 元/年
收益组成：			
签到：月签到收益 35081.35 元，平均日收益 1169.38 元			
宝券：220260 宝券（签到所得 219934 宝券，任务所得 334 宝券），平均 7342 宝券/天			
红包：总收益 588 宝券，平均 20 宝券/天			
任务：月收益 22349.04 元，平均日收益 744.97 元			

资料来源：零壹财经专栏。

但随着投资者越来越多，越来越大的资金缺口让这场骗局也变得难以为继。在用户提现时，钱宝网都是通过延长提现的到账时间来缓解资金紧张，同时提高线上的收益率和快速提现的手续费把更多用户的钱留在平台，才惊险地躲过了一次又一次的挤兑。正是这种看似合理的运营方式，钱宝网才拥有了 500 亿元的规模。

2017 年 8 月，钱宝网上海总部已经搬空，同时投资人发现钱宝 App 已经

无法提现。2018年2月1日，因涉嫌非法吸收公众存款，张小雷等12名犯罪嫌疑人被依法逮捕。

（3）钱宝网资金的实际流向。根据南京市公安局披露的案件详情，钱宝网的资金并没有像张小雷宣称的放在银行拿利息，而是主要用于以下三个地方。

1）宣传造势，实力包装。为了给"钱宝系"的"产业帝国"打造出财大气粗、实力雄厚的形象，非法募集的大量资金用于公司虚假宣传，用于收购涵盖各个行业的空壳公司。以江苏吉信甘油科技有限公司为例，2013年该公司被钱宝系企业收购，钱宝网对外吹嘘其为"亚洲第一、年利润逾两亿元"的优质企业，而实际上它原来只是淮安市一家默默无名的化工厂，2017年账面利润仅为1600多万元。张小雷奔走于全国各地，时而鼓吹"雷神空天无人机"，接着推出"乳酸可降解地膜"，紧接着又宣传"钱宝要从海藻中提炼生物燃油"。为了配合宣传，他收购了83家公司，常常是他需要什么行业，就收购一个该行业的公司。虽然这些公司大部分是空壳，但钱宝网的投资者很少去追根究底。

2）捐赠赞助，博人眼球。张小雷等人将非法募集的资金用于赞助西甲皇家社会、巴列卡诺足球俱乐部，成立并运营"钱宝"足球俱乐部。此外，钱宝网还赞助各种音乐会和慈善活动，以此扩大知名度和影响力，以吸引更多人加入钱宝网。

3）包养情妇，购置房产。张小雷等人用非法募集的资金支付企业高管的高额年薪及少量对外投资。据警方调查，多年来张小雷还动用大量非法集资款包养多名情妇，还为其情妇及关系人于大连、南京、上海等地购置数套房产，仅情妇黄某某一人，张小雷就累计送给她四千多万元。

2. e租宝案

2017年4月26日，北京市第一中级人民法院开庭审理安徽钰诚控股集团（e租宝）非法吸收公众存款案。这个通过卫视、高铁、机场媒体进行大量广告宣传，吸引了众多投资者，造成全国31个省（区市）90多万名投资者利益受损的网络平台，再一次成为焦点。

2013年安徽钰诚控股集团以注册资本1亿元成立全资子公司"e租宝"，主营业务是"P2P"，公司的实际控制人为丁宁。2014年7月至2015年11月

e 租宝对外宣称预期年化收益率为 9%～14.2%。与国内主要平台相比，e 租宝存在异常的高承诺（见表 3-3）。

表 3-3　"e 租宝"与主要互联网金融平台基本情况比较

平台指标	e 租宝	红领创投	陆金服务	微贷网	鑫合汇
平均预期收益（%）	13	7.82	7.9	7.71	7.17
预期投资期限	—	73.3（1月标）、22.1（天标）	62.0（24月以上标）、26.5（1月标）	74.1（1月标）、13.8（3月标）	61.4（12～24月标）、35.6（天标）
自动投标	不支持	支持	不支持	支持	支持
债权转让	随时	随时	随时	随时	2个月
保障模式/万元	融资性担保公司	8000（风险准备金）	融资性担保公司	10252.74（风险准备金）	融资性担保公司
资金银行存管	—	—	平安银行	厦门银行	浙商银行
平台背景	民营系	民营系	银行系	上市公司参股	上市公司参股
平台特征		加入协会	接受过风投，加入协会	接受过风投，加入协会，股权上市	接受过风投，加入协会
注册资金/万元	10000	6000	10000	12195	5651
上线时间	2014/7/21	2009/3/17	2012/1/22	2011/7/8	2013/12/12
总部地址	北京海淀	广东深圳	上海浦东	浙江杭州	浙江杭州

资料来源：艾瑞咨询数据。

根据零壹研究院和网贷之家的数据显示（见表 3-4），截至 2015 年 12 月 8 日，e 租宝总成交量 745.68 亿元，受害投资人遍布全国 31 个省（区市），投资规模达到约 91 万人，待收总金额达 703.97 亿元，其中有 170 多人的待收金额超过千万元。非法集资共计约 598 亿元，其中重复投资金额为约 164 亿元，先后吸收 115 万余人资金约 762 亿元。

2014 年以来，e 租宝先后花费了上亿元进行"病毒式营销"，除了高昂的宣传推广费用，"钰诚系"还进行大量的产业投资，旗下有超过百家公司。此外，工资也是"钰诚系"企业的一大开支，整个集团年薪百万元的高管就有80余人，仅2015年11月钰诚控股集团发给员工的薪酬就高达8亿元。除去支付企业的运营成本，大部分集资款项受丁宁指使用于个人挥霍、赠送他人、走私等，超380亿元集资款消失殆尽。

表3-4　e租宝平台基本情况

注册资本金	投资者规模	投资者类型	总成交量	不良影响
1亿元	91万人	个人，机构；其中90%为老年投资者	745.68亿元	90万名投资者深受其害，380亿元未能兑付；网络借贷行业声誉受到影响

（1）e租宝的业务模式。

与一般P2P网贷平台"个人对个人"模式不同，e租宝是一家以融资租赁债权交易为基础的互联网金融居间服务平台，这个模式也被其称为A2P。通俗一点讲，e租宝联结的两端分别是融资租赁企业和投资者，主要靠撮合双方达成交易获利。A2P与P2P最大的区别是在整个融资过程中多了融资租赁公司这一道中介：P2P是把个人投资者的资金投向个人或者企业借款人，实现民间借款需求与民间闲置资金的匹配；而A2P则是把个人投资者的资金投向融资租赁公司的租赁项目。在A2P模式下，融投资门槛较低，资金来源更广泛，并且这种模式以物权作为抵押，可以降低投资风险又可以实现P2P网贷的去担保化。

e租宝平台的具体操作是：首先承租人与钰诚融资租赁公司签订融资租赁合同。接着租赁公司向厂商购买标的物，再出租给承租人使用。由此，租赁公司获得了融资租赁债权。钰诚融资租赁公司将这些融资租赁债权转让给e租宝，e租宝进行审核后设计出不同收益率的产品，再将产品信息发布在e租宝平台上。投资人看到e租宝平台上发布的产品信息后，可以直接在网络平台上查询有关融资租赁项目的具体信息，自主选择购买合适的相关产品。一旦购买，债权将由钰诚融资租赁公司转给投资人。此后承租人通过e租宝网贷平台向投资人定期支付租金，租金支付完成后设备所有权归承租人，投资人在投资期满收回本金和利息。在整个项目运作期间，融资租赁公司对标的物拥有所有权，对债权承担连带保证责任，若承租企业不能支付到期租金，则融资租赁公司可采取收回租赁设备、变现处置物权来弥补投资人的损失，保证投资人资金的本息安全。其具体流程，如图 3-11 所示。

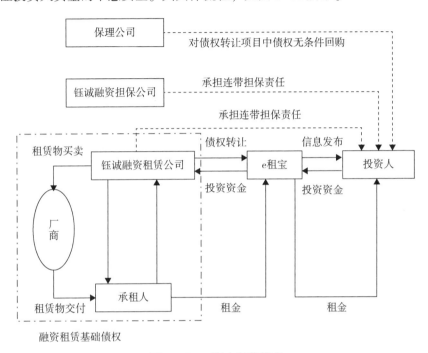

图 3-11　e 租宝经营模式

资料来源：南湖互联网金融学院，零壹财经华中新金融研究院. e 租宝事件分析报告［DB/OL］. 南湖互联网金融学院：http://www.nifi.org.cn/index.php/thesis/info/150.

（2）e 租宝的投资产品的定价和推广方式。

"1 元起投，随时赎回，高收益低风险"，这是 e 租宝广为宣传的口号，让人感觉很亲民，投资门槛低、收益率高。平台中有 6 款融资租赁债权转让类型的投资产品，期限包括活期和定期（3 个月、6 个月和 12 个月）；预期年化收益率在 9.0% ~ 14.6%。e 租宝出售的产品门槛极低，仅 1 元便可投资，赎回方式分 T+2 和 T+10 两种。具体内容如表 3-5 所示。

表 3-5　e 租宝主要产品一览

产品	预期年化收益率	投资期限	本金和收益支付方式	提前赎回机制	投资封闭期	提前赎回手续费
e 租稳赢	9%	活期	按月支付收益，到期还本	T+2	—	—
e 租财富	13%	活期	按月支付收益，到期还本	T+10	30 天	—
e 租富享	13.40%	3 个月	按月支付收益，到期还本	T+10	3 个月	赎回金额的 2%
e 租富盈	13.80%	6 个月	按月支付收益，到期还本	T+10	6 个月	赎回金额的 2%
e 租年丰	14.20%	12 个月	按月支付收益，到期还本	T+10	12 个月	赎回金额的 2%
e 租年享	14.60%	12 个月	每三个月支付收益，到期还本	T+10	12 个月	赎回金额的 2%

1）产品定价。e 租宝采用的是国外基于借贷平台的市场定价模式。以"e 租稳赢""e 租财富""e 租年享"为例说明。第一个产品赎回方式 T+2，灵活性强，流动性强，类似于活期存款，所以收益是三个产品里最低的。第二个产品赎回方式 T+10，灵活性减少了，收益提高。第三个产品赎回方式 T+10，收益也是最高的，还可以 10 天后就赎回，但由于它是一年标的，提前赎回要交赎回费用，这样年化收益率就不可能有 14.6%。e 租宝的这种定价模式主要存在三方面问题：

第一，e 租宝平台上披露的项目信息不足，避重就轻。以融资租赁项目最关键的租赁设备为例，在介绍中只有名称和数量，没有购置发票，没有估值证明。另外，多个融资企业短期内密集更改注册信息，变更法人，注册资金猛增，经营范围跨行业变更，公布年报中利润、负债与平台介绍严重不符。

第二，e 租宝的产品定价不符合利率期限结构。一般而言，借款的期限越长其利率应该越高，按期限分类对 e 租宝的借款项目数据进行加权平均得到的平均借款利率却并不遵循此规律。如图 3-12 所示，期限为 1 年的加权平均利率反而最低，6 个月借款的加权平均利率最高。

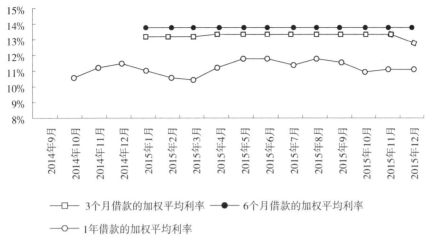

—□— 3个月借款的加权平均利率　—●— 6个月借款的加权平均利率

—○— 1年借款的加权平均利率

图 3-12　e 租宝借款标的的利率期限结构

资料来源：南湖互联网金融学院，零壹财经华中新金融研究院. e 租宝事件分析报告［DB/OL］. 南湖互联网金融学院：http://www.nifi.org.cn/index.php/thesis/info/150.

第三，产品收益率过高，不符合实际。以第三种产品 14.6% 的收益率为例，如果投资者能得到 14.6% 的收益率，那么按保守估计，e 租宝的融资租赁债权收益至少要达到 18.6%，因为还要扣除代理商成本、公司运营成本和广告成本等。但仅看这个项目的企业销售业绩实现不了这么高的营利，因此产品收益率过高，不符合实际情况。

2）推广方式。在产品推广方面，e 租宝网贷平台为了降低交易成本、分散风险和提高资金使用效率，主要通过扩大交易规模来进行，通过虚假宣传达到疯狂扩张。e 租宝的主要通过三种形式进行产品推销：

第一，广告宣传推销，这是 e 租宝能迅速打响知名度的主要形式。与大多数互联网金融同行低调潜行不同，e 租宝一上来就高举高打，其品牌广告打到各大高铁车站和写字楼，甚至利用"央视"为其增信，广告登陆包括《新闻联播》前广告时段等在内的"央视"四大黄金广告时段。湖南、浙江、东方、河北、天津、江苏六大知名卫视全天播放 e 租宝宣传片。广告还出现在包括西直门地铁站在内的北京人流聚集的地铁换乘站。e 租宝之所以能在一年半内就累计成交 700 多亿元，仅用半年的时间就吸引到投资者大约 90 万人，与其花费大量资金进行虚假宣传不无关系。据中金网资料显示，e 租宝投放广告费总计达 14415 万元（见表 3-6）。图 3-13 是投资者人数月度增长情况，足以看出 e 租宝的广告宣传效果。

第二，用高薪激励员工采用线上线下相结合的方式营销。"钰诚系"集团给员工的工资薪酬都非常高，在高薪的诱惑下，员工会卖力营销。在线上，e 租宝利用互联网在微博微信等社交平台上投放大量广告，以此提高知名度、增加吸引力。同时，线下则通过发放传单、给中老年人送礼物，邀请他们听讲座等方式来促进产品销售。

表 3-6　e 租宝广告费用情况

投放方向		投放资金	总计
央视		3102 万元	
主要地方卫视	北京卫视	2454 万元	
	江苏卫视	1440 万元	
	东方卫视	1478 万元	14415 万元
	天津卫视	1440 万元	
其他地方卫视	湖南卫视		
	浙江卫视	每家至少 1500 万元	
	安徽卫视		

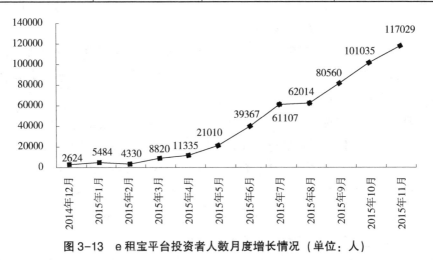

图 3-13　e 租宝平台投资者人数月度增长情况（单位：人）

资料来源：网贷天眼. e 租宝问题平台档案［DB/OL］. 网贷天眼：http://ezubo.

p2peye.com/.

第三，第三方代销。为了扩大销售范围，e 租宝花费大量资金收购多家投资理财公司，通过这些理财公司进行代销，还有少部分银行参与。有了银行的参与，无形中又增强了 e 租宝的信用。但是，巨额的广告投入成本需要源源不断的经营利润维系，一旦发生资金链断裂，这些成本和风险势必转嫁给平台的资金借贷双方。

（3）e 租宝资金的实际流向。e 租宝可以说是一场规模巨大的庞氏骗局，涉案金额高达 700 多亿元，其实际资金的主要流向包括四部分。

第一部分，维系庞氏骗局。为了引诱更多的投资者进入圈套，500 亿元非法集资款的一部分用于支付投资者巨额利息；另一部分用于向提供虚假债权项目的中间人支付好处费，金额为项目金额的 2%。从 2015 年 7 月起，e 租宝平台上的项目就以每月 200 个的速度递增，其中 70% 左右是虚假的。同时大量收购的投资理财机构进行精心包装宣传，扩大理财产品销售范围，提升品牌知名度。此外，e 租宝还赠予其集团高管大量现金、房产和车辆，支付给他们丰厚的薪酬。

第二部分，进行虚假宣传。资金中有 4.8 亿元用于广告宣传，海外投资超过 23 亿元。e 租宝对外宣传、推广的手段包括在全国各大电视台、地铁站、机场、火车站投放广告，并在多家媒体发布 e 租宝平台广告及推广文章等，甚至还命名了"e 租宝号"高铁列车。除了在各大平台打广告，钰诚控股集团还向海外投资了 23.33 亿元。人民法院披露的证言显示，钰诚控股集团通过中介机构在英属维尔京群岛注册了多家离岸公司，但这些公司在当地没有真实的办公地址和经营场所。此外，钰诚控股集团在多处宣称投资 400 亿元建立钰诚东南亚自贸区和东南亚联合银行，但实际上都是"钰诚系"为了打造自身形象虚构的，并没有真实的业务。还对公司高管丁宁、张敏等人的形象进行包装。高中毕业的丁宁通过与高校项目合作成了硕士生导师，没有金融投资管理方面经验或者实际操作案例的总裁张敏被包装成"互联网金融第一美女总裁"。

第三部分，无序扩张，盲目投资。自 e 租宝上线后，钰诚控股集团的业务延伸至文化、国际安保、手机、咨询等多个板块，其中仅与知名主持人杨澜的阳光七星集团共同成立的影视投资基金便计划投资 50 亿元。同时，钰诚控股集团还涉足游戏行业和高科技制造业，如"智能机器人""无人机"等领域。"钰诚系"投资的行业多，行业跨度大，但它此前也没有从事相关行业的经验，就是在盲目投资，几乎没有给"钰诚系"带来收益。

第四部分，用于丁宁的个人挥霍。丁宁的生活极其奢靡，花费了4.91亿元用于购买珠宝、奢侈品、古玩字画等贵重财物，有12亿元的资金被他赠予给情妇和公司高管。

（四）如何防止互联网金融模式下的庞氏骗局

1. 投资者

（1）树立理性投资理念。投资者应树立理性投资的理念，天下没有免费的午餐，不要被一夜暴富的欲望冲昏了头脑，时刻谨记高回报必然意味着高风险。很多投资者虽然也有一定的风险意识，但还是抱有侥幸心理，认为自己能在风暴来临之前早早抽身，殊不知越陷越深。因此，投资者要时刻保持理性投资的心态，提高风险防范意识。

（2）提高自身辨识能力。投资者可重点关注以下几个方面。第一，融资合法。融资有批准文件，企业基本信息（注册资本、经营范围等）可在国家企业信用信息公示系统查询。第二，商业模式合理。企业从事的业务和投资的项目是实体且具有一定的经济价值，而不是纯粹靠发展新会员、拉人头来营利。第三，投资回报率靠谱。往往超高的投资回报率都是陷阱。正如原财政部部长楼继伟传授给老百姓的防骗绝招——保证6%以上回报率的就别买，那是骗子。第四，宣传真实可信。许多从事非法集资活动的企业往往宣传得天花乱坠，把自己打造成财大气粗、实力雄厚的形象，夸大投资者可以获得的回报，却绝口不提其中的风险。投资者应注意识别宣传中有多少水分，切勿急功近利，落入诈骗分子的圈套。

2. 监管者

（1）完善穿透式监管方式。2016年10月13日，国务院办公厅发布《国务院办公厅关于互联网金融风险专项整治工作实施方案》（国办发〔2016〕21号），首次正式提出穿透式监管方式，并强调穿透式监管成为本次专项整治强调的主题。穿透式监管方式首创于美国，是指透过现象看本质，不看金融业务表面的形态，也不看表面的合同怎么签，而要看真实的资金流向，看业务的实质在主观上是不是有恶性，并由相关的监管部门进行垂直性深挖工作，执行相应的监管规定。由于互联网金融产品形式多种多样、名目繁多，涉及的行业跨度也比较大，再加上诈骗分子打着金融创新的旗号对金融骗局进行精心包装，使得监管部门难以准确识别其金融本质。穿透式监管有利于监管部门透过现象看本质，剥下金融骗局精心制作的面具，消除监管空白，以免造成投资者的损失。

（2）引入监管沙盒机制。"监管沙盒"（Regulatory Sandbox）是来源于英国的舶来品。就像它字面上的意思，"监管沙盒"可以理解成一种"安全空间"，在这个"安全空间"内，监管环境会相对宽松，金融科技企业和金融机构可以对其新开发的金融产品、服务以及商业模式进行测试。引入监管沙盒机制有助于防范互联网金融风险，保护投资者的合法权益。第一，监管沙盒有助于转变互联网金融监管理念。随着我国金融市场的不断发展，金融创新产品层出不穷，传统的"先监管后规范"的监管理念已经无法适应新的发展要求。而沙盒监管的理念是防患于未然，在风险事件发生前就可以准确监控风险，有助于转变我国的互联网金融监管理念。第二，监管沙盒有助于解决互联网金融监管滞后问题。沙盒测试中最关键的一环就是监管部门对创新项目进行实时监控，在这种监控下监管部门可以充分了解创新项目的特征、风险系数和操作手法，准确识别其业务本质，为制定相关政策积累经验，消除互联网金融监管的滞后性。

3. 执法者

（1）完善监测预警机制。防范化解非法集资和互联网金融风险，需要各部门未雨绸缪、通力合作，构筑起防范互联网金融诈骗的多道防线。第一，银行、银监部门、工商部门应强化对各类金融企业、信息咨询公司放贷资质的认证和规范管理，对各类融资广告要加强监测。第二，互联网管理部门应充分运用先进的互联网技术手段对互联网信息传播进行监督管理，全力防范处置非法集资及互联网金融风险。第三，执法部门要对移交的金融诈骗违法犯罪行为进行严厉打击，加大惩处力度，增大违法成本，遏制互联网金融诈骗形势的发展，避免更多的投资人上当受骗。此外，还需要金融管理部门督促金融机构加强对可疑资金的监控，若发现非法集资的情况，要及时上报给管理部门。

（2）大力开展宣传教育。为了引导广大群众进一步提高对互联网金融诈骗的认识，相关部门应创新宣传媒介和宣传内容。在宣传媒介上，采用传统纸媒和网络媒体相结合的方式，充分利用官方微博、微信公众号等新媒体进行防范网络诈骗的宣传，有利于防诈骗信息的传播和扩大宣传范围。特别要通过主流媒体，如中央电视台、《人民日报》微信公众号等进行宣传，提高宣传教育的广泛性和权威性。在宣传内容上，将风险提示和预警、金融知识和法规政策实现"随身听（看）"，及时通报、剖析最新和典型案情，奖励揭发、举报骗局的群众，让公众成为知情者、关注者、监督者、管理者，使骗子无处遁形。切实增强广大群众的金融风险防范意识，从源头上有效遏制金融诈骗犯罪行为。

第二节　金融骗局的成因

P2P、理财产品、消费返利、实体项目、交易所、外汇交易、数字货币、原始股、大宗商品、众筹、博彩等各式投资陷阱频现，让投资者血本无归。网贷平台频频暴雷，跑路、挤兑、倒闭等现象频发，挫伤了投资者的信心，严重影响和扰乱了经济秩序。其原因是错综复杂的，我们将通过外观与内省探究其主要成因。

一、外观

（一）金融知识普及程度低

在我国，金融知识的普及程度较低，普及范围较小，大部分地区人们的金融风险意识淡薄，尤其是没有接受过专业教育的人，更容易被金融骗局所困。电话诈骗、网络诈骗、贷款诈骗、伪装银行工作人员存款贴息诈骗等诈骗方式层出不穷，其受骗人多为受教育程度较低的中老年人抑或初入社会的青年人，如图3-14所示。当诈骗者提出诱人的回报率和丰厚的现金回报时，他们往往在无意识下进行高风险投资，甚至被欺诈而欠下巨额债务。

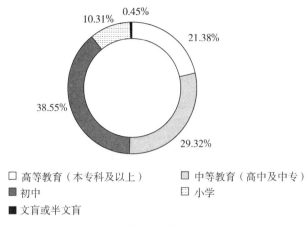

10.31%　0.45%

21.38%

38.55%

29.32%

□ 高等教育（本专科及以上）　　□ 中等教育（高中及中专）

■ 初中　　▨ 小学

■ 文盲或半文盲

图 3-14　金融诈骗被骗人文化程度分布

资料来源：最高人民法院《金融诈骗司法大数据专题报告》。

（二）诱人的高额收益

不管是哪种形式的投资产品，销售人员在向投资者推销过程中一般都只强调高额收益，而忽略甚至闭口不言可能的亏损。然而，安全和营利不可能同时拥有，高收益必然伴随着高风险。如中晋系号称有 10%～25% 甚至 40% 的高收益，远超过市场平均收益率。愿景可能是美好的，但事实并非如此。高利率意味着高负债、高坏账率。如果处于前端的投资人收益为 20% 甚至更高时，则处于后端的借款者利息就要接近 30% 才有利可图。而如此高的利率与高利贷有何异？这就使以"低价"为核心竞争力的 P2P 网上借贷优势尽失。如此这般，势必造成有投资人而无借款人的窘境。无奈，P2P 平台只能借新钱还旧钱、拆东墙补西墙，庞氏骗局成为必然。例如，贝尔创投（Bell Ventures）成立于 2013 年 12 月 7 日，年回报率为 96%。然而好景不长，贝尔创投创始人已于 2015 年 3 月 22 日"跑路"。

一般而言，投资收益必然会受到经济大环境的影响，但在庞氏骗局中，无论是与工业投资相关的项目还是与市场条件相关的投资，总是有利可图，其收益不会受到投资周期的任何影响。比如，2015 年下半年，我国股市由最高的 5178 点下跌到 2638 点，跌幅为 49%。GDP 同期下降超过 1%，经济下行，运行压力大，国家经济环境迅速降温。奇怪的是，电子租赁平台却背道而驰，平台业务蓬勃发展。e 租宝 2015 年 11 月底累计成交额名列行业第四，单日、7 日、30 日累计成交额均跃居行业第一，金额达 703 亿元。

高收益率本身就意味着高风险，这是铁的定律。更何况目前国际各类资本市场的回报率都没有太高的。所以，若遇到高收益低风险产品一定是埋下了"雷"、挖好了坑、请君入瓮。简言之，凡超过 10% 收益的短期产品，投资者都需警惕。

（三）轰炸式的虚假宣传造势

当今社会发达的媒体无意间成为骗子尽快达成目标的"得力助手"。在央视黄金时段、各大卫视甚至纽约时代广场投放广告，明星代言，专家认可等，将平台资质、背景和历史全面粉饰，这一切使人觉得平台和产品正规可靠，值得信赖。

为了更多吸金、更多非法获利，许多庞氏骗局都擅长"自我包装"，使得投资者眼花缭乱。行骗者往往使用社会热点对产品进行包装，打着"ICO""区块链""数字货币"甚至是"包容性金融"的口号。

例如，"中金"当时在上海外滩租了三栋楼，以显示其强大的财务资源；e 租赁的广告可以说是压倒性的。再如，光明正大做宣传的"正规"大公司善林金融，曾是中国女排的高级赞助商，全国有 1000 余家线下门店，中央电视台的黄金时段、各大卫视甚至纽约时代广场和伦敦希思罗机场都有其广告。正是这样的"实力派"，听起来像是"大家族企业"，却非法吸收了 600 多亿元的投资。

（四）模糊的底层资产

标准化金融产品虽然结构设计更复杂，但其基础资产很容易实现并作为产品保证。以中信启航专项资产管理计划产品为例，其资产结构虽然复杂但权属明晰，其底层资产拥有稳定的收益（见图 3-15）。在这个金融产品中，中信证券公司在天津市注册了天津京证、天津深证两家全资子公司。与此同时，将其在北京中信证券大厦和深圳中信证券大厦两家公司的房地产所有权分别转让给天津京证和天津深证。在此之后，天津京证及天津深证的全部股权将转让给中信金石基金，并在此基础上成立中信金石基金管理有限公司的全资附属公司。中信金石基金作为非公募基金的投资工具，从中信证券收购天津京证和天津深证的股份，从而为非公共资金的投资者提供投资业务。同时，中信证券基于中信帆船的业务及财务情况制订了一项特别资产管理计划：筹集 100% 的资金认购资金，占 70.1%；29.9% 的比例是非公共资金资助的，包括优先和中等，而分配特殊资产管理计划的收入则来源于项目公司赚取的租金收入。

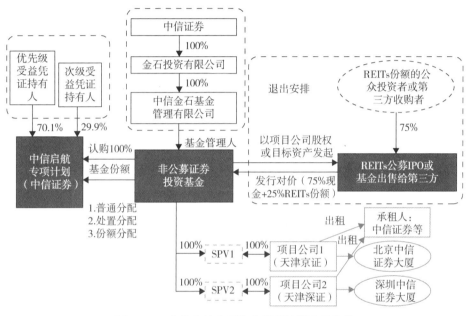

图 3-15　中信启航专项资产管理计划产品结构

资料来源：如是金融研究院。

任何一种金融产品，无论包装多么复杂，都必须具有底层实物资产，否则便是无源之水。相关资产权属不清，基础必然薄弱。然而，许多在线贷款产品往往将许多相关资产打包成新产品，使投资者无法直接了解相关资产是什么；相关资产通常还包括信用贷款、消费金融、汽车贷款、抵押贷款、应收账款转移等，这些资产都有基础薄弱、资本回收周期长的共性。与此同时，更需要被强调的是，投资机构大多都不愿意为投资者提供完整的标的资产清单。

（五）以新债抵旧债的连环套

集资方（骗子）以低门槛、超高利诱导众多投资者，并且让初期投资者尝到甜头。为了支付早期投资者的高回报，庞氏骗局只能凭借诱惑等非正当手段，利用熟人、亲人不断发展下线，继续收购新投资者，最终形成"金字塔"式的投资者结构。骗局实情只有塔尖的少数投资者知道，但他们却不会吐露实情，他们只会为了牟取更多利益而去压榨塔中和塔底的投资者。而集资方（骗子）明知没有实际的投资渠道，对投资者承诺的收益根本无法兑现，但仍旧会虚构营利项目。因为只有依靠新的投资者或其他融资安排，才能实现其骗局。例如，e 租宝针对中小投资者普遍存在的对金融知识关注较少、缺乏专业投资技能、风险识别意识薄弱等特征，采取虚假宣传，承诺高收益率、高回报率诱骗等方式。钰诚控股集团为了加快财富积累，以高薪鼓励员工线下销售，并大量在各地设立分支机构和代销公司，为投资者提供"贴身推销"服务，协助投资者开通网银、注册平台等，获得投资者信任。

这些投资陷阱通常具有发行持续、筹资规模短期急增的特点。例如，于2014 年 7 月启动的 e 租宝电子租赁，仅仅五个月的交易量便达到 700 多亿元。无独有偶，昊达公司投资的乌金煤业项目在短短三年内非法筹集 52 亿元。正规的投资项目或理财产品不会反复融资，而且大都将融资规模控制在一定范围内。倘若投资者在投资前能冷静地想想为什么这家公司会有这么多项目反复筹资，或许就会发现其中蕴藏的巨大风险，避免上当受骗，血本无归。

（六）薄弱的风险控制

"飞单""萝卜章"等造假方式是很多投资陷阱的惯用伎俩。

简言之，"飞单"就是销售业务员拿到订单后，将订单放在别的公司而不是将订单交由自己公司的行为。金融中的"飞单"即银行员工销售银行系统之外的理财产品，资金流向了银行外部。银行、保险、线下理财公司都存在"飞单"现象。诸如银行员工借助银行网点，私自销售未与银行达成委托销售关系的金融产品；线下理财公司工作人员利用投资者对自己的信任，卖不属于自己平台公司的理财产品，从中获得更高额的佣金提成；等等。

"萝卜章"，顾名思义就是以萝卜为材料刻的印章，其实就是不用合法印章采用的正常制作材料如石材、橡胶等。早些年间因物资匮乏，制作粗劣的假章往往都选择用萝卜，久而久之"萝卜章"就成了私刻、伪造公章和造假统称的代名词。2017 年，国海证券用未来一年为"萝卜章"埋单，遭遇业内最重罚单：资管、经纪、投行三大核心赚钱业务受限一年。起因是公司原员工张杨等人违规假冒公司名义在外开展债券代持交易，未了结合约金额约 200

亿元，涉及金融机构 20 余家。

究其原因，主要是金融机构对于风控和监管的重视程度尚且薄弱，管理有漏洞，让内部人员有机可乘。为了保障金融投资品的风险安全可控，维护投资者的利益，完善的风控流程、完备的风控体系不可或缺。

（七）缺失的外部监管

1. 监管制度不完善

第一，准入监管松懈。在中国，建立互联网金融平台的过程是：提供相关资料到工商局注册，工商局审核通过后再到工信部申请建立自己的网站，工信部在网站运营中监察网络言论。各监管部门不审查平台的实际运营能力和信用状况，一些不合格的平台也可以获得营业执照，这将影响互联网金融市场的安全性和稳定性。

第二，信息披露监管不到位。大多互联网金融公司既不用公布历史交易情况、逾期率及具体资金托管信息，也不会定期披露平台和借款人风险状况，这使投资者无法了解平台的实际运作。例如，在电子租赁事件中，担保公司与保理公司之间的关系未披露，具体项目信息的核心要素未详细披露，增加了交易风险。

第三，资金托管缺乏监管。由于缺乏有效的资金托管制度，致使平台难以有效区分自有资金和投资者资金，投资者无法了解自己的投资资金真正去向和平台对资金的运营状况。例如，e 租宝对外宣称客户资金托管在银行，实际上是进了自设的资金池。因此，平台利用筹集资金扩大经营规模或者参与高风险、高收益的项目融资，这些自融行为都进一步扩大了庞氏骗局的生存空间。

第四，没有完善的市场退出机制。P2P 平台的产品大多具有同质性，我国 P2P 借贷平台在线运行现象常常发生。一旦经营出现问题，平台通常会直接关闭，客户无处追回其财产。P2P 平台的跑路可能引发投资者的恐慌，导致投资者纷纷要求提前兑付，引发挤兑风险。因此，建立和完善问题平台的有序退出机制，使其在业务出现问题时及时向监管部门报告，并在政府指导下进行清算非常重要。这不仅有助于维护互联网金融市场的稳定，还将在一定程度上减少投资者的损失。

2. 征信体系不健全

在监管和法律制度方面，中国互联网金融信用报告机构没有明确的准入限制和标准。《征信业管理条例》规定信用报告机构是指依法设立、主要从事信用报告业务的机构。信用信息业务是一种收集、组织、保存和处理企业和机构的信用信息和个人信用信息的活动，并向用户提供信息。原则上，互联网金融信用报告机构应遵守《社会组织信用信息管理办法》中与传统信用报告机构相同的规定。

但是，在具体实施过程中，监管机构存在下列缺失：其一，缺乏对互联网财务报告机构的访问限制，使得互联网金融企业在实际运营中公开或私下收集用户信息。其二，缺乏信息服务真实性验证，对互联网金融企业提供的信用信息服务是否合规、是否真实没有相应的监管，使得互联网金融信用报告机构提供的信息服务真实性难以保证，信息泄露和滥用严重。其三，缺乏针对以大数据信贷为代表的互联网信用报告的监管方式。传统的现场检查和非现场监管已无法适应以大数据信贷为代表的互联网信用报告，很难达到预期的效果。

征信体系的不完善会进一步加大借贷双方的信息不对称，扰乱投资者的判断力，助长庞氏骗局滋生，使投资者蒙受不白之冤。因此，应在全社会范围内全方位倡导诚信、加强监管，在进一步巩固完善政府主导的征信体系的基础上，构建适用于大数据和互联网背景下的征信体系，让庞氏骗局无处遁形。

3. 监管预警不完善

近些年，诸如 e 租宝、"泛亚"等庞氏骗局，高举"互联网金融"的大旗，数年堂而皇之、光明正大地从事非法活动，直至东窗事发。这也从侧面折射出我国在非法集资监测预警机制中存在缺陷，骗局野蛮生长到如此规模、受害人数如此之多、出现兑付危机后才被发现和处置，没有将非法集资行为扼杀在摇篮中，以致涉案规模巨大、处置成本高昂。

4. 监管机制时滞

我国监管部门针对互联网金融已经制定了一系列政策法规，如《中国互联网协会互联网金融工作委员会章程》《中国互联网金融协会会员自律公约》

《关于促进互联网金融健康发展的指导意见》《互联网保险业务监管暂行办法》《非银行支付机构网络支付业务管理办法》《最高人民法院关于审理民间借贷案件适用法律若干问题的规定》《非存款类放贷组织条例（征求意见稿）》等。但由于互联网金融产品不断推出，致使政府监管难以同步完成、随时更新，出现监管时间相对滞后。如图3-16所示，在 A 时间点平台推出新的互联网金融产品；在 B 时间点政府部门监控产品，开始分析并查明产品是否违反规则；然后 C 时间点在产品上开始操作。由于新产品监测需要时间，对新产品分析研判并确定处理方案也需要时间，因此会出现时滞。

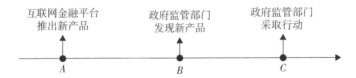

图3-16　互联网金融监管时间示意

第一，监管理念不当。20世纪以来，为鼓励企业创收，政府对金融领域一直采取较为宽松的政策，尤其是新兴的互联网金融企业。在2007~2015年这八年间，互联网金融企业如雨后春笋般野蛮生长，而并没有明确的监管机构对其制约，由此滋生了大量的互联网金融骗局。地方政府为了带动地方经济更是以放松监管作为诱饵，致使投资者损失惨重。如近几年来兴起的众筹借贷平台，假借互联网之名，利用政府的鼓励政策，因其为互联网发展下由国外传向国内的新兴金融形式，法律监管处于空白状态，政府只是一味鼓励，忽略了我国国情下此类平台存在的巨大风险，最终造成了巨额的损失。昆明泛亚有色金属交易所成立于2011年，被认为是"中国式的庞氏骗局"。22万名投资者430亿元资金的流失应该使监管者认识到监管预警在金融领域的必要性，每一个小缺口都将为诈骗机构打开运输他人财富的方便之门。

第二，监管预警时滞。我国的监管部门存在监管时滞，在上述案例中，政府往往都是在新生事物萌芽时开始制定"征求意见稿"，层层审批，至最终法律细则出台时金融机构早已枝繁叶茂。加之互联网金融开枝散叶速度之快，一夜之间就可能有数以万计甚至百万、千万的投资者受骗。这就要求我国的监管机构针对互联网时代对金融机构的监管模式和流程进行把控和调整，合理控制风险，将投资者损失降到最低。因此监管者应该对金融机构实施有效的密切监管，"打早打小"，要对金融机构存在重大风险的集资行为的合法性进行预判，以免造成投资者的巨大损失。

我国金融监管预警当前存在着监管理念不当和监管预警时滞等问题，监管者应当充分发挥其约束力，将监管沙盒与穿透式监管相结合，完善法律体系，建立适当的监督预警机制，保护投资者。

5. 线上线下中介缺乏监管

金融本质上是经济体系中的中介，分为信贷中介和信息中介。信息中介不能做信用中介的工作，本质上其承担了信用中介的职能，也受到资本充足率、拨备覆盖率等指标的约束。营业对资金的需求大，风险回报能力弱的信息中介涉及信用中介业务，极有可能演变成互联网高利贷甚至非法集资。在净化金融中介市场秩序的过程中，需要互联网监管部门、工商部门以及市场监管部门、公安机关和金融监管机构的合作。特别是强化地方政府在预防和处置金融庞氏骗局方面的主要责任。

二、内省

（一）P2P 平台

P2P 平台的初衷是为小微企业及刚刚萌芽的个体户提供资金支持，为它们提供一个绿色的借贷渠道、增强借贷成功率、大幅降低借款利率。但随着 P2P 频频暴雷，P2P 的新模式也成为金融骗局的"帮凶"。

1. "中介"越位"掌门人"

P2P 平台的初衷是作为金融投资的第三方中介机构，在整个交易过程中扮演着桥梁和媒介的作用。但是，我国大多数 P2P 平台对资本控制越来越强硬，平台本身在金融投资中的参与度越来越高。平台的本意或许是增强资金的灵活性与投资合理性，但却为投资活动带来巨大风险。一般而言，公司演变成为庞氏骗局的概率会随着 P2P 公司对于整个交易的参与度增加而加大。

2. 发展模式变异为"宜信模式"

P2P 平台中的"宜信模式"，是将债权资产证券化，并且实现流通，使宜信就成为名副其实的"银行"，如图 3-17 所示。

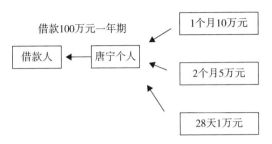

借款100万元一年期

1个月10万元

借款人 ← 唐宁个人

2个月5万元

28天1万元

图 3-17　宜信模式

我国法律不准许非金融机构放贷，但保护个人放贷。于是唐宁创设所谓的P2P，将债权进行金额和期限两个层面的拆分。金额定位低、期限短，又不像信托有门槛和人数的限制，加上目前我国50万元以下的高收益理财产品较少，这样的拆分使得销售不再有难度，社会的大量闲散资金面对高收益诱惑，便趋之若鹜。利用期限和资金的错配，资金越来越多，一个"银行"便应运而生——一边债权不断涌入，另一边不断拆分、配对。宜信模式因而迅速扩张。

这种模式下P2P本质已不再是中介平台。其债权转让的实际操作——大金额拆分为小金额、长期限拆分为短期限对流动性的要求极高，即接受的一个月的投资额必须要在一个月转卖给一个下家，否则只能自己垫付资金。这种大量发展线下的经营模式不仅会导致期限错配与金额错配、现金流断裂，而且对公司自身的规模、实力、资金周转能力和要求较高。大多数P2P平台都在打着这种旗号诈骗。正如中国银行原董事长肖钢所言，目前银行发行的"资金池"运作的理财产品，由于期限错配，要用"发新偿旧"来满足到期兑付，其本质上是庞氏骗局。对于这样的公司，应当谨慎投资。

3. 融资平台涉"自融""自保"

P2P平台的自融行为是指通过私人将平台上的投资者资金挪用到自己的账户或相关账户。这些进行自融的P2P公司的实际控制人大多都控股了其他公司，当控股的企业陷入财务危机或偿债时，P2P平台成为其快速套现的途径。由此可见，这类平台的初衷根本不是脚踏实地地运营一家公司，而是利用P2P平台这一新型融资手段作为个人投机的选择。这样的做法不仅很难真正地运营好一家公司，并且很容易使平台的资金链断裂，借新钱还旧账，不可避免地落入庞氏骗局。

P2P 平台的自保行为是为投资者提供本金和利息保护。如"快鹿系"就使用自己的电影和电视公司，依靠自己的担保公司，用自家的 P2P 平台，最终把资金投向了自家的《叶问 3》。

4. 骗钱跑路是本意

有些 P2P 平台在创办之初便不打算正规运营，只是想通过平台进行非法集资。上海的"帕拉迪事件"发生之前，陈若彬不仅是公司总裁，更是整个 P2P 行业的领军人物。他打着"华尔街退休""拥有丰富的阅历"的名号，且帕拉迪公司位于上海环球金融中心，位置优越，规模大实力强，公司注册资本高达 10 亿元。自 2013 年 12 月 3 日起，帕拉迪公司便不断注册子公司，并大肆宣扬其报备了陆家嘴金融人才孵化器，但自公司成立到"帕拉迪事件"发生当天，公司从未有一个项目顺利运作至完成。2014 年陈若彬携款潜逃未果。至此，撕掉了公司虚伪华丽的外衣，其丑恶本质暴露无遗。这种用华丽外表的包装骗取投资者信任的毫无信用的公司，对中国 P2P 行业的发展造成恶劣影响。诈骗公司往往以贵金属交易、二手车交易、货币买卖等大众不熟悉的领域作为其投资去向，所立合同中涉及公司应承担的责任和义务含混不清。这样的公司从开始就准备实施庞氏骗局，资金稍具规模便携款潜逃。

5. 被挤兑成骗

并非所有 P2P 都是骗子集团，有一些平台的初衷并不想陷入庞氏骗局，但随着经营环境突然出现变化，如投资人集体撤资等，导致公司为了资金回笼不得不提高利率，出现利息虚高、还款困难、借新还旧等一系列不可逆转的问题，如果不欺骗投资者，公司将背负巨额债务，因此走上了庞氏骗局的道路。

这其中挤兑现象最明显。P2P 行业中的挤兑现象，就是当某个或某些 P2P 平台面临信任危机时，广大投资者开始质疑投资的安全性，并几乎在同一时间集体申请退回本金。其产生的原因主要有：首先，行业中大量负面消息击垮投资人信心，集体撤资，平台资金链断裂，最终走向庞氏骗局。其次，由于投资人大多来自于同一地区，由于某种不可抗力或偶发原因，如自然灾害、新开楼盘、地方利率浮动等，都会使得投资者集体撤回本金。相继跑路的钱宝、雅堂金融、唐小僧、联璧金融等高返利平台，都受到挤兑因素的影响。为减少和杜绝此类情况的发生，应制定和规范严格的法律法规，加强行业内自身监督管理。

（二）骗局受害者

1. 心理特征分析

（1）追逐暴利而又求富心切。风险与回报成正比是一个显而易见的道理，骗局受害者也未必不懂，但是贪婪蒙蔽了他们的思维，急功近利让他们忽视了不合常理的地方。其实很多金融骗术也不算高明，但想要在短期内获得高收益、高回报的逐利之心让他们头脑发热、铤而走险，心甘情愿地走进圈套里。

（2）轻信广告宣传、缺乏理性分析能力。很多金融骗局都喜欢营造出"高大上"的背景，或者利用名人光环为自己镀金，抑或通过主流媒体投放广告来增强自己的公信力。而许多投资者往往会被这些表面功夫所迷惑，懒得去进一步分析和思考。受害者往往轻易相信这些不法分子为其不可告人的目的营造出的假象。

（3）盲目从众心理。许多受害者都缺乏独立思考的能力，一旦看到有投资者从这些违法平台中获利，就也想参与其中获得暴利，而且这种盲目从众的心理也能带给他们一种安全感。许多投资者往往不了解互联网金融的运作模式就迫不及待投资。数据显示，2017 年上半年，中国 ICO（Initial Coin Offering，首次币发行）项目投资者约 10 万人，融资规模达到 26.16 亿元。而这其中有多少人真正了解 ICO 呢？据相关报道，一些 ICO 项目已开始在社区进行路演，对 ICO 一无所知的退休大爷大妈已成为参与投资的生力军。

（4）侥幸的投机心理。有些受害者明知道这么高的年化收益是违反投资规律的，还会抱有侥幸心理，认为自己能从中大赚一笔再全身而退。更有甚者，在上当受骗过一次之后，即使知道是金融骗局还是又投入其中，期望自己不是最后"接盘"的。

（5）过度自信心理。陷入庞氏骗局的人往往过于自信，意味着投资者对自身的判断力过于自信，对实现目标的概率能力过高估计。正如巴菲特对庞氏骗局参与者的描述：大多数投资者就像舞蹈中的灰姑娘一样，知道他们在舞蹈中停留的时间越长，恢复原形的概率就越高，但是仍然不能错过这个幻想舞的每一秒，关键是没有人知道最合适的停留时间。因此，绝大多数人最终都难以脱身。

（6）可得性偏差心理。可得性偏差是指投资者往往依据简单的信息，并且不认真辨别信息的真实性就做出投资决策。在庞氏骗局中，消费者大多缺乏理性分析的意愿和能力，却对广告和在线评估盲目信任。许多投资者之所以选择电子租赁，仅仅因为电子租赁在中央电视台做了广告，就认为这样安全便有了保障。但事实是，媒体没有为投资者辨别产品真假的责任。

（7）证实偏差心理。证明偏差心理意味着投资者一旦执念于某一假设，他就会在收集和分析信息时找到倾向于支持这一假设的证据。在庞氏骗局中，参与者表明他们的注意力都集中在投资收益信息，而没注意投资风险信息，陷入了"自圆其说"思维的陷阱。在钱宝网出事之前，南京有关政府部门在办公大楼上悬挂了巨幅横幅——远离非法集资，但参与者都视而不见，似乎与自己没任何关系。即使在张小磊（钱宝网的实际控制人）被绳之以法之后，一些"宝粉"仍然拒绝相信。

2. 人口特征与经济特征分析

（1）在年龄方面，受害者以中老年居多。和讯网与中国政法大学商学院联合发布的《2017 和讯 315 金融白皮书：中小投资者投资陷阱及维权情况数据分析报告》显示，在 2017 年，和讯网收到了 31287 份投诉。它几乎涵盖了互联网金融的所有领域，其中 31～60 岁年龄段占比较大，比例是 86.75%。这其中，41～50 岁的人群占比最大，为 39.46%。在接受调查的受骗群体中，没有未满 18 岁的未成年人。18～25 岁的年轻人也很少，仅占 1.4%。骗局受害者年龄的分布情况如图 3-18 所示。

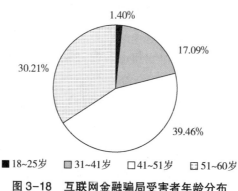

图3-18　互联网金融骗局受害者年龄分布

之所以会出现中老年人在受骗人群中占比较高的现象，是因为中老年有一定的积蓄，也有强烈的理财意识。在这个年龄段，他们事业上升空间有限，渴望通过"钱生钱"来保持财富增值。同时，他们的空闲时间较多，会花比较多的时间在金融理财信息上面。但相较于年轻人，他们接触新事物较少，网上的信息鱼龙混杂，一些金融骗局打着金融创新的旗号营造出"高大上"的背景，有些还在主流媒体上宣传，导致他们容易被眼花缭乱的理财产品所蛊惑。

（2）受害者文化水平普遍不高。据最高人民法院统计，金融诈骗犯罪中文化程度为初中的受害者占比 38.55%、高中（或中专）的受害者占比 29.32%，二者之和超 2/3。这些投资者很多虽然有理财意识，但是缺乏科学的理财观念，缺乏专业理财的知识，面对不法分子眼花缭乱的宣传攻势，很难抵挡住诱惑。

（3）受害者往往在信息接收渠道上较单一。具有单一信息来源且信息接触较少的投资者通常缺乏对风险的敏感性，并且当风险完全暴露时响应速度最慢。例如，电子租赁在 2015 年 5~6 月开始出现各种负面信息，如果可以不断关注这些信息，则可以确定潜在风险。然而，即使在资金被冻结的那一天，仍然有许多人继续向他们的网站汇款，缺乏基本的敏感性。这些骗局受害者大都知识面比较狭窄，信息收集能力有限，对于平台经营状况和外界评价不甚了解，很容易做出错误的投资决策，无法在面临风险时及时规避。

（4）受害者往往缺乏金融知识的风险意识。随着金融市场的快速发展，金融产品层出不穷，投资理财行为已经与中国居民生活切实相关，网上银行理财、信用卡消费、股票债券投资等都是个人要做出的投资选择，这就要求个人对自身的财产和风险承受能力进行评估，做出正确的投资选择。国内外许多研究人员对此进行了分析和研究，研究表明：金融知识普及程度低以及过度自信是导致金融骗局发生的根本原因。近年来，企业、学校、社区和机构已经启动"金融知识普及月""金融知识进万家"活动，以讲座、视频案例、问卷调查等方式使居民对金融知识有初步了解，提高风险防范意识、以避免金融骗局的发生。与此同时，随着金融知识的传播，居民们的投资自信心提高，越来越多的居民理性参与到市场中，使我国市场流动性提高，愈加壮大。

当然，由于目前中国金融市场产品种类丰富，行骗手段具有极高的伪装性，受过专门教育的专业人员也绝不能掉以轻心，避免过度自信。"3M 互助金融社区"曾以科技金融的名义蒙蔽投资者，投资者可以选择人民币，也可以选择摩根币、百川币、比特币等虚拟货币进行投资。受害者主要是年轻人，他们擅长操作移动互联网产品，如网上银行和第三方支付 App 等。这些行骗手段没有任何实际产品，不依靠任何行业，只通过建立推荐奖励和管理奖励开发下线，并将朋友和亲戚拉入集团。这个类似"黑盒子"的平台已被反复冷冻和解冻。由此可见，金融知识普及程度低是金融骗局产生根本成因之一，要有始终如一的防范之心。

风险与回报成正比是投资铁律，获得高回报以高风险为代价。正应了那句老话："你贪别人的利息，别人惦记着你的本金"。投资者在进行决策时，要首先考虑个人承受风险的能力，以机构给出的适当的回报率要求分配个人以及家庭财产。盲目追求高收益，势必面临大风险，甚至需为其支付"智商税"，成为庞氏骗局的受害者。

参考文献

[1] 郎秋美. 民间及地方性贵金属交易所亟待规范 [N]. 学习时报，2016-7-25.

[2] 陆文军. 炒金要走正道 [J]. 理财，2010 (4)：63-64.

[3] 张天宇. 我国网络投资平台存在的问题及对策——以泛亚为例 [J]. 商场现代化，2016 (25)：235-236.

[4] 许亚岚. 揭秘原始股新骗局 [J]. 经济，2018 (2)：46-52.

[5] 全国多地现原始股投资骗局，千余人被骗数亿元 [J]. 现代营销（经营版），2016 (1)：54.

[6] 申杰. 警惕以销售"原始股"为名义的非法集资行为 [J]. 中国质量万里行，2018 (11)：92-93.

[7] 宋海. 对我国互联网金融的表现形态及监管原则的认识 [J]. 互联网金融法律评论，2015 (3)：3-17.

[8] 周亦鸣. P2P 网贷平台的法律监管框架构建研究 [J]. 浙江理工大学学报（社会科学版），2016，36 (4)：346-353.

[9] 刘萍. 伪互联网金融平台的识别与防范 [D]. 杭州：浙江大学，2018.

[10] 吕俊儒. 互联网金融中"庞氏骗局"识别与防范 [J]. 合作经济与科技，2018 (5)：78-80.

[11] 汪谦生. 浅谈互联网金融中"庞氏骗局"的识别与防范 [J]. 计算机产品与流通，2017（9）：256.

[12] 赵敏. 互联网金融背景下"庞氏骗局"的识别与防范 [J]. 浙江金融，2016（8）：13-17.

[13] 孙春凤. 互联网金融中"庞氏骗局"的识别与防范 [D]. 合肥：安徽财经大学，2017.

[14] 丁亚迪. "互联网金融+庞氏骗局"的成因与防治 [J]. 市场研究，2018（10）：72-73.

[15] 张春雪. 掌握金融知识识破庞氏骗局 [J]. 现代商贸工业，2018，39（32）：156-157.

[16] 和静钧. 避免陷入旅游金融"庞式骗局"，监管当发力 [N]. 深圳特区报，2018-7-31.

[17] 李伟. "套路贷"的套路与防治 [J]. 人民法治，2018（13）：6.

[18] 李云峰，徐书林，白丽华. 金融知识、过度自信与金融行为 [J]. 宏观经济研究，2018（3）：33-47.

[19] 莫开伟. 严加防范互联网金融领域庞氏骗局 [N]. 中国商报，2017-11-15.

[20] 肖飒. 稳定金融秩序，需谨防庞氏骗局 [N]. 证券时报，2017-11-11.

[21] 阚丽丽. 骗局"别出新意"，监管观念须更新 [J]. 新产经，2017（11）：82.

第四章

——～——

防范金融骗局的金融科普模式研究

近年来金融骗局的发生率有明显增加的趋势，给人民生活和社会稳定造成了严重影响，并引起了普遍关注。本章尝试从金融科普的角度提出防范金融骗局发生的基本思路及其相应的金融科普模式。

已有的研究表明，公众缺乏相关金融知识，导致其风险识别能力不强，防范风险与自我权益保护能力低下，为金融骗局兴风作浪提供了便利条件。金融知识的普及，能够显著提高公众识别金融骗局的能力，因此加强金融科普是遏制金融骗局的重要途径。但是如何通过合理的金融科普模式达到防范金融骗局目的的研究很少。从已掌握的资料看，关于金融科普的研究主要分散在针对具体事件或现象的分析上，关于金融科普的模式研究，尤其是站在一定理论高度的系统研究尚未见到，大量实践中迫切需要解答的问题没有得到很好地解答，如主要的金融骗局有哪些类型，防范典型金融骗局的金融科普的具体模式有哪些、其效果如何，不同金融骗局之间存在怎样的共性以及各自的特性是什么，如何从防范典型金融骗局的金融科普模式归纳出广泛适用的模式，如何从政策层面优化金融科普的环境，等等。为此，本章尝试从防范金融骗局着眼，对金融科普的模式进行研究，以期揭示金融科普对防范金融骗局的意义，并探索出相应的科普模式。

第一节　金融骗局和金融科普模式的基本概念

本章所说的金融骗局是指以金融目的为名实施的骗取投资者钱财的诈骗

行为。其根本要件是必须明确以金融活动诱使受害者上当受骗，而且交易者投资的目的是参与施骗者所布设的金融活动，这些金融活动包括投资、融资、金融交易等形式，以此区别其他性质的骗局。根据此定义，单纯的电信诈骗、交友诈骗、婚姻诈骗、慈善诈骗等都不能算作金融骗局，因为这些诈骗使受害者上当的根本原因不是参与金融活动，而是出于其他原因。比如，电信诈骗常用的手段是手机短信告知受害者中奖，然后让受害者提供信用卡的密码等，进而盗刷或转移受害者的钱款，这里不涉及受害者参与金融活动，因此不属于金融骗局。实际案例中，很多诈骗活动往往包括了多种成分，这时要看哪种成分居主导地位，以此来判定其根本属性。比如，同样是使用手机短信，如果施骗者编造了金融投资的谎言，并且实施了具体的金融诈骗行为，如搭建金融平台、设立相应账户，进而通过金融操作的手段诱使受害者参与投资；而受害者也并非看到短信就直接投资，而是对其所宣称的金融活动和具体操作规则进行了了解，最终决定参与投资，这时就不是一起普通的电信诈骗，而是金融诈骗。当然还可以通过施加一些限制条件使骗局的归类问题更精细化，如把诈骗方式及其产生的实际规模结合起来考虑等，但这超出了本章的研究范围，因此不再展开。

　　本章所说的金融科普模式是指开展金融科普的基本方式，主要涉及组织形式、运行方式以及基本手段等议题。金融科普模式解决的是由谁负责、如何管理、如何运行等根本性问题，决定了科普活动的内在机制和外在表象。传统的金融科普模式包括"金融知识普及月""反假人民币宣传月""金融知识六进"等。需指出的一点是，模式不是一个刻板的划定，根据需要可以归纳或构造不同的模式，如上述三种模式也可以划归为"传统金融科普模式"这一概念下，同时它们每一个也可以看作具体的金融科普模式。

第二节　防范典型金融骗局的金融科普模式

　　众所周知，金融骗局的实施手法五花八门，作案形式更是层出不穷。就其细节而论，每一个金融骗局都有其特殊性，如果陷入这些细节就难以总结出规律性的认识，甚至感到茫然而不知所措。但是如果深入分析各色骗局的基本运行方式，就会概括总结出一般规律，进而形成一定的整体性认识。本章正是基于后一种研究方法，把收集到的金融骗局样本归纳为三类典型：庞氏骗局、贵金属交易骗局和原始股骗局。在此基础上提出针对性的金融科普模式。

一、防范庞氏骗局的金融科普模式

庞氏骗局是指靠不断吸引投资者注入资金制造财富增值假象达到施骗目的的诈骗方式。基本手法是以高额回报率吸引受众，初期会把所骗取的投资用于兑现许诺的回报，以此取信投资者。只要新增投资总额大于应付账款总额，这一骗局就会一直持续。而且因为其履约的及时性，投资者会越加深信，资产规模也会不断加速扩大，很短的时间里就会膨胀到惊人的规模。一旦新增投资总额低于应付账款总额，就会出现拖欠兑付投资者收益的情况，使投资者信心受到打击，投资会进一步放缓，堕入恶性循环并很快崩溃，最终投资者的资金被骗走。庞氏骗局是最古老也是最普遍的一类金融骗局。随着互联网技术的发展，借助互联网实施的庞氏骗局种类愈加繁多且作案的空间空前扩大，作案手段和传播渠道更加机动、隐蔽，更加不易察觉。有数据表明，近年来借助互联网实施的庞氏骗局大幅度增长，而且仍有上升势头，是当前和未来应重点防范的金融骗局。

从金融科普的角度看，防范庞氏骗局可以根据受众群体、骗局实施范围的不同等，采取不同的金融科普模式。对于以农村居民为诈骗对象的庞氏骗局，以下科普模式都是比较有效且可行的：①以乡镇或者村落为单位，挨家挨户发放如何防范庞氏骗局的知识读物，包括纸质的材料（如海报、小报、手册等）、电子文本、手机视频等。②科普机构选派专业人员，以村为单位开展防范庞氏骗局的讲座，或者以村为单位在村民活动集中地带悬挂条幅、发放科普材料等。对于以城市居民为诈骗对象的庞氏骗局，以下科普模式是比较有效且可行的：①通过社区或街道组织开展多种形式的活动，向居民传授防范庞氏骗局的相关知识，其中，受众面最大的形式是发放专门制作的宣传材料，普及效果最好的形式是举办专门讲座，成本最低的是拉横幅、挂条幅、黑板报、知识窗等传统宣传形式。②借助手机、互联网等多种传播途径，通过微信公众号、微博、QQ 等形式,向一定范围内的居民推送相关的新闻、视频等宣传资料。从长期看,更根本的科普模式是建立一种正规的组织体系,使科普工作正常化、规范化。

二、防范贵金属交易骗局的金融科普模式

贵金属交易骗局主要是诈骗平台冒充有资质的金融机构,通常冒充交易所,引诱交易者投资下注,然后采取各种欺骗手段套取投资者的资金。主要有以下几种诈骗方式:

(1)冒充正规交易所的成员单位,以此取得交易者的信任。待交易者上套之后,使用各种欺骗手法,制造交易者投资亏损的假象,骗走交易者的资金,而交易者还往往被蒙在鼓里。

(2)假借贵金属现货交易之名,其实非法从事期货等衍生品交易,诱使不明真相的交易者盲目投资,然后通过篡改数据等非法手段骗取交易者资金。

(3)以贵金属交易为名,设计赌博圈套,交易者原以为的投资赚钱活动沦为以贵金属交易为诱饵的赌博活动,之后通过多种非法手段制造交易者赌输的假象骗取交易者的资金。偶尔出现交易者赌赢的情况也不会支付,而是要求交易者继续下注,否则就采取冻结甚至删除账户等手段剔除交易者、扣留交易者资金,却将违规操作等罪名归罪于交易者,使交易者有口难辩。

(4)以贵金属交易为诱饵,诱使交易者进行投资,而后采取网络操控等手法,使投资者永远无从平仓获利。惯用的伎俩有制造客户端卡顿、谎称网络连接失败等,以此榨取投资者的佣金直至投资被侵吞完毕。

从上述的实施手法上看,贵金属骗局并不存在难以识别的伪装,但是却屡屡得手,说明金融科普工作亟待深入加强。从目前的实际情况看,有多种渠道可以获得防范贵金属骗局的知识,包括政府及金融机构出台的相应文件、相关的书籍、网络新闻媒体关于贵金属交易的文章、金融教育平台的贵金属交易知识课程以及公众中流传的各种见闻等。值得注意的是,《国务院关于清理整顿各类交易场所切实防范金融风险的决定》(国发〔2011〕38 号)、《国务院办公厅关于清理整顿各类交易场所的实施意见》(国办发〔2012〕37 号)等文件都明确指出,大量贵金属商品交易场所开展分散式柜台交易涉嫌非法期货活动。但是从结果上看,公众对于这些警示并未予以足够重视,甚至有

可能并不知道这些信息。究其原因，我们认为是科普的模式存在问题，没有把必要的知识及时传播到公众。

对于贵金属交易骗局的防范，不应全靠公众自行解决，那样成本将十分高昂。可以采取类似前文关于防范庞氏骗局的科普模式，把贵金属交易的各种伎俩揭露出来，并帮助公众树立正确的投资理念。这里需要强调的是有组织的科普模式及其重要性，不能仅靠公众的自发学习。

三、防范原始股骗局的金融科普模式

原始股骗局是指以原始股投资为名套取投资者资金的行为，其主要实施手法有以下几种：①盗用企业名义，谎称可以交易该企业的原始股，而实际上根本不存在所声称的交易。一旦交易者投入资金，则通过伪造账户等欺骗手段制造交易确实存在的假象，而后以各种名目和理由蚕食或干脆侵吞投资者的资金。②夸大股份的投资价值或许诺高回报，或者二者同时并举，诱使投资者投资风险很高的项目。其主要目的是非法融资，与单纯的诈骗有所区别，但是往往也造成投资者的巨大损失。

从各方面披露的信息来看，原始股骗局之所以会频频发生，主要原因之一是公众对原始股相关的概念存在明显的误解。首先是错误地认为原始股一定赚钱，这与在社会上广泛流传的靠原始股致富的消息有很大关系。殊不知，这些传闻即使有真实的事件可考，但并非普遍现象，更不是稳赚不赔的铁律。事实上，更多的是原始股贬值甚至赔光的案例。然而在做局者的操作下，原始股的风险被隐瞒，暴富的个案被包装成必然规律，缺乏相关常识的投资者在这种宣传攻势下成为牺牲品。其次是不清楚股票或股份交易的基本常识，往往把"挂牌公司"与"上市公司"、"交易所"与"托管交易中心"等混为一谈，也不知道股票或股权交易的正规渠道，把"挂牌公司"股票当成了"上市"股票，对不具有股票或股权交易资格的中介缺乏基本的辨别力，最终上当受骗。

从原始股骗局的作案手法看，防范原始股骗局并不难，只要把相关的知识普及到公众中，就会大为减少类似事件的发生。但是为什么没有做到呢？我们认为主要在于对金融科普模式的理解不到位，以为只要在媒体上播放相关新闻或科普节目就够了。这恰恰是造成科普不到位的根源。尽管相关知识

随处可得，但是如果不采取合适的科普模式进行针对性的普及工作，其效果是极其有限的，近年来不断攀升的发案率印证了这一判断。

综合上述分析，我们认为，防范原始股骗局的金融科普模式必须强调组织性和权威性。所谓组织性是指必须由一定的正规组织负责并具体实施，在农村应该是村委会等基层组织，在城市应该是社区或居委会等基层组织；所谓权威性，应该邀请具有一定公信力的专家为受众普及相关知识。概括起来说，这个科普模式就是由专门机构（如科协等团体组织）负总责，协调基层组织具体执行，聘请专家讲解、普及。至于公众自发的学习应该予以鼓励和提供相应的支持，包括提供各种资料（线上、线下；纸质的、电子的、网络的等），开展各种活动（如"金融知识普及月""金融科普六进"等），不拘一格、因地制宜。必须注意的是，有组织且具有权威性的科普模式，对于提高公众对金融骗局的辨别力具有更为显著的效果。

第三节　防范金融骗局的广谱金融科普模式

前述内容针对典型金融骗局讨论了通过金融科普手段加以防范的基本思路和做法，本节重点讨论如何设计一种对各种金融骗局都具有显著防范作用的金融科普模式，以提高科普的实际效果，并降低科普的成本。为此，需要对各类金融骗局的共性和特性做出说明，然后针对这些共性和特性分析什么样的科普模式能够奏效。

一、各类金融骗局的共性

尽管金融骗局的具体操作手法五花八门，而且随着时间推移还在不断衍生出令人眼花缭乱的伎俩，但是其本质大体上都可以归入前文重点介绍的三类典型金融骗局，从这三类典型骗局中总结出各类金融骗局的共性特征如下。

（一）以高收益为诱饵

我们研究发现，金融骗局无论其情节多么离奇，却无不是以许诺高收益为依托。通常一个金融骗局所允诺的收益率是同期无风险收益率的十倍至数十倍不等，对于具有基本金融知识的人，这是足以引起警觉的，但是对于缺乏金融知识的人而言，这样的高收益许诺很容易使之上当，这一点在我们的随机访谈中得到很好的印证。❶ 因此可以说，高收益不仅是各类金融骗局蛊惑人心的诱饵，而且是其得以实施的基本前提。

（二）编造故事迷惑受众

仅仅有高收益允诺有时还不足以直接使受众深陷其中，因此几乎所有的金融骗局都会配合自己的高收益允诺而编造出动人的故事，这使得本来已经被高收益打动的公众更增加了信任感，甚至有参与者直至案发仍存在幻想。从调研的结果看，除了少数允诺的收益相对较低（通常十余倍无风险收益率）的金融骗局，绝大部分骗局都编造似乎合情合理地获得高收益的理由，而且随着允诺的收益越高，所编的故事也越生动。因此可以说，编造故事博得参与者相信也是金融骗局的普遍特征之一。

（三）制造假象使参与者丧失辨别力

前两点共性主要是在事前用来引诱受众的手段。一旦受众被蛊惑，骗局实施者往往还制造逼真的假象，以此使已经落入圈套的参与者变得更加轻信而越发陷入其中。基本的手法是兑现或部分兑现所承诺的收益，当不必或者无力继续制造假象时，其骗局的本质才开始败露。对大量案例的分析表明，绝大部分金融骗局在初始阶段都不同程度地使用了制造假象的把戏，而且假象持续的时间越长，迷惑性也越高。与此同时，由于人际传播的作用，骗局会以几何级数形式加速扩展，直至败露。鉴于此，可以认为制造假象也是金融骗局中广泛存在的特征之一。

二、不同金融骗局的独特性

也应该注意，除了上文所指出的共性特征以外，各类金融骗局都有其独特性。科普模式的设计中应该对这些独特性做出适当考虑，以增强科普的效果。以下分别对三类典型金融骗局的独特性做出说明。

---

❶ 多数被调查者直接承认因为不懂金融知识，完全被高收益所迷惑。一些被调查者并不承认完全被高收益所诱惑，也知道有风险，但是抱着试试看的心态，投的钱不多（数千元不等）。但显然，高收益是不可或缺的条件，否则就不会有试试看的动机了。

(一) 庞氏骗局的独特性

庞氏骗局的最根本特征，是以受骗者新投入的资金为依托兑现许诺给先期投资的回报。这也是判断一个骗局是不是庞氏骗局的根本依据。这是其他两类金融骗局并不一定采用的手法。只要骗取的投资多于支付回报，骗局就会继续滚动，由于初期总是新加入的资金大于流出的资金，因此骗局会迅速扩张，而且参与其中的受骗者因尝到了甜头而越陷越深，并通过人际交往把更多的人拉下水。我们调查研究发现，"只付利不还本、用新钱平旧账"这种移花接木的做法很容易使参与者利令智昏，甚至执迷不悟。因此，为了使科普模式对庞氏骗局能发挥很好的效果，必须使之具有揭穿伪装的功能。这意味着，对于庞氏骗局，应该用通俗易懂的语言和形式使公众真正看清骗局的欺骗性所在。

(二) 贵金属交易骗局的独特性

贵金属交易骗局的独特性有两点：一是借贵金属的概念，使受众产生本能的投资欲望，对知识层次较低的受众尤其具有吸引力，因为以金银为代表的贵金属在传统意识里就是财富的化身；二是以小博大的伎俩，常常打出"一元钱炒百元金"的口号，受众出于试试看的心理而越陷越深。这两个特征在其他两种金融骗局中不是必要条件。很多报道显示，这两点正是把投资者卷入贵金属交易骗局的根本原因。

(三) 原始股骗局的独特性

原始股骗局的独特性主要有三点：一是炒作原始股概念，这也是原始股骗局最突出的特征，使受众产生未来会成倍增值的想象，进而产生投资欲望；二是以高出实际价值多倍的价格把所谓的原始股出售给投资者，为了使受众相信所谓的投资价值，总是编造各种利好消息，诸如"即将上市""升级转板"等；三是投资门槛高，这是因为按照一般的股票交易习惯，一次交易必须达到一定规模，所以投资者一旦上当所投入的金额通常都比较大。

三、防范金融骗局的广谱金融科普模式设计

这里所谓的"广谱"是指对各种金融骗局都有一定预防作用。为了达到这一目的，所设计的科普模式必须一方面具有能够应对各种骗局共性的功能，

另一方面还要具有应对不同骗局的独特性的功能。

根据前文对金融骗局共性和独特性特征的分析，从科普模式需要达到的效果角度看，设计防范金融骗局的广谱金融科普模式应该强调以下两个基本目标：组织程度高和公信力强。

组织程度高，是指这种科普模式是一种有组织的活动，而且按照现代组织制度加以治理。之所以强调组织的重要性，是因为对于非正规形式的宣传或提醒，如网络言论、社交软件信息甚至电视、广播、报纸，公众一般所给予的关注很低，他们会认为这是离自己很远的事情，往往当作热闹看。这意味着，为了达到引起受众重视的目的，应该采取某种正规的组织形式。

公信力强，是指这种科普模式能够真正让公众信任。要做到这一点，健全的专业知识、广泛的案例研究和扎实的理论基础不可或缺，同时还要提供切实的正确指导意见，这样公众才能得到真正的帮助，并发自内心地信服。否则难以提供有价值的指导，甚至回答不了公众的困惑，科普的效果将大打折扣。例如，普通公众很难想明白一个能给自己按期发红利的投资事项怎么会是骗局，如果不具备一定的专业素养，很可能无法很好解答受众的疑问。

从确保科普模式落实和可持续的角度看，还有两个必要条件需要注意：制度化和程序化。制度化是指这种科普模式应该纳入国家编制体系中，并给予相适应的法律地位；程序化是指为了使这种科普模式能够实现其功能并保持良好运行应该明确规定其职责、操作流程等具体事项，使其运行有规可依、有规必依。

综上所述，有效防范金融骗局的广谱金融科普模式应该具有如下特征：①组织化，应该以正规的组织方式进行，否则不被重视，达不到效果。②专业化，应该有专业队伍负责进行深入研究，提出科学论证和解决方案，并提供便捷的咨询服务，否则真假莫辨，难以奏效。③制度化，应该建立起长期的正规的组织体系，否则不利于持续地开展工作。④程序化，应该制定出明确公开的办事程序和质量要求，否则不利于激励工作人员尽职尽责。

为了实现上述构想，我们认为比较可行的防范金融骗局的广谱科普模式，是建立从全国到地方的多层次科普网络化实体服务平台，由专门的机构负责运行和管理，并由特定的机构评价、监督、问责，服务方式包括网站宣传、电话咨询、人工咨询等多种方式。

截至目前，国内外关于金融科普模式的研究还十分稀少，本章在对金融骗局进行深入剖析的基础上，提出通过金融科普防范金融骗局的构想，构建出具体的科普模式框架，并得出了若干结论。

（1）金融科普模式应该注意"四化"：组织化、专业化、制度化、程序化。

（2）金融科普的实施主体应该是网络化服务的实体机构，并且应该建立从中央到地方、基层的组织体系。

（3）尽管金融骗局形形色色、变化多端，但就其本质而言，大体上可以划分为三大类型：庞氏骗局、贵金属交易骗局、原始股骗局。

（4）只要能够针对金融骗局的本质开展有效的科普工作，就能大幅度地减少其发生的概率。

参考文献

[1] 龚强，王璐颖. 普惠金融、风险准备金与投资者保护——以平台承诺担保为例 [J]. 经济学（季刊），2018，17（4）：1581-1598.

[2] 王新. 电信诈骗为何屡禁不止，如何根治 [J]. 人民论坛，2017（1）：92-93.

[3] 齐培潇，郑念，王刚. 基于吸引子视角的科普活动效果评估：理论模型初探 [J]. 科研管理，2016，37（S1）：387-392.

[4] 苏薪茗. 银行理财产品是庞氏骗局吗？——基于中国银行业理财产品市场的实证分析 [J]. 金融论坛，2014，19（11）：43-52.

[5] 姚良，陈文. 美国P2P监管的启示 [J]. 中国金融，2015（7）：63-64.

[6] 关峻，张晓文. "互联网+"下全新科普模式研究 [J]. 中国科技论坛，2016（4）：96-101.

[7] 吉杰. 公共图书馆科普教育与展览活动融合发展模式研究 [J]. 新世纪图书馆，2017（12）：36-38.

[8] 王义良. 贵金属销售存洗钱隐患 [J]. 中国金融，2014（5）：95.

[9] 罗子欣. 新媒体时代对科普传播的新思考 [J]. 编辑之友，2012（10）：77-79.

[10] 国务院关于清理整顿各类交易场所切实防范金融风险的决定（国发〔2011〕38号）.

[11] 国务院办公厅关于清理整顿各类交易场所的实施意见（国办发〔2012〕37

号).

[12] 中央电视台 2014 年 "3·15" 晚会 [J]. 电视研究, 2014 (4): 2.

[13] 张磊. 论新股发行制度改革背景下欺诈上市的法律规制 [J]. 税务与经济, 2019 (2): 6-12.

[14] 李江平. 游资套利与次新股的惯性效应和反转效应模型 [J]. 统计与决策, 2018, 34 (23): 170-173.

[15] 付代红, 王鹏继. "新股不败" 视角的 IPO 制度改革 [J]. 重庆社会科学, 2018 (2): 75-83.

[16] 徐静休, 朱慧. 新媒体时代提升科普传播效果的对策与建议——以科普新媒体 "科普中国" 和 "果壳网" 为例 [J]. 传媒, 2018 (18): 54-57.

[17] 宋常, 马天平. 旁氏骗局、非净值型资金运作模式与中国资产管理业务 [J]. 当代经济科学, 2013, 35 (5): 40-51, 125.

[18] 宝胜. 基于我国公众基本科学素养的科普工作策略研究 [J]. 科技管理研究, 2010, 30 (9): 38-40.

[19] 黄家裕. 斯蒂斯对大众心理学的取消策略——基于政府公共性的视角 [J]. 哲学动态, 2013 (6): 90-93.

[20] 高慧艳. 媒体融合背景下的科普期刊微信公众号运营——以 "中国国家地理" 为例 [J]. 中国科技期刊研究, 2019, 30 (6): 621-628.

[21] 赵鑫, 刘娜英. 智媒时代科普期刊的用户需求、创新路径和应对措施 [J]. 中国科技期刊研究, 2019, 30 (7): 699-706.

第五章

推进金融科普的有效模式

金融业作为现代经济的核心，在经济社会发展中的重要作用越发凸显，发展金融业是促进经济更好更快发展的重要保障。我国民营经济在整体经济发展中的贡献率已占半壁江山，广大小微企业的发展需要金融服务的支持与促进，互联网环境下的全民创业也需要金融服务的支持与配合，而金融知识科普是提升居民金融素质与小微企业金融意识的重要途径，是从需求侧改善金融服务环境、提高金融运行效率的必要环节。我国金融科普受众范围亟须扩大，科普方式需要多样化探索和发展。本书科研团队通过实地调研、走访金融机构与居民，切实了解有关金融科普工作的开展情况，发现实践中存在的瓶颈，探讨和总结有效推进针对不同受众的金融科普模式。

第一节　实施主体、受众与金融科普模式效率的关系

金融科普具有公共物品的属性，具有非排他性与非竞争性，且会产生广泛的正外部性，这一属性决定了它不同于任何金融产品。金融产品可以采用市场化手段进行推广，而金融科普公共物品的属性决定了其推广过程中市场化手段不适用。同时，由于正外部性的产生，金融科普的供给方分享其社会效益，而独自承担科普的成本，不可能通过举办金融科普活动的收益弥补成本。这意味着承担金融科普的企业以承担社会责任的方式完成金融服务专业知识科普，而这一社会责任的完成，本质上与金融机构作为法人运营的营利性目标存在着冲突。

金融科普活动的举办在两大类主体之间进行，即负责金融服务专业知识科普的实施主体和接受科普知识的受众，两类主体对金融服务专业知识的供需匹配度决定着金融科普的效果，而探索和思考如何采用有效的科普模式，是承担金融科普工作的实施主体必须面对的现实问题。

一、金融科普的实施主体与受众

我国没有专门的机构负责推进金融服务专业知识的科普工作，缺乏明确的责任主管部门。大多数实施金融科普的主体是各类金融机构，包括国有商业银行、民营商业银行以及各类形式的民间金融机构。这些金融机构开展金融科普工作，地域上限于自身业务范围，而且往往带有完成任务的目的，重于铺排形式和造势走过场，对科普效果并不进行跟踪了解与分析提升。这样导致科普模式呈现为可视性重于科普实际效果，如广泛地发放传单、广场宣传、拉横幅以及制作投放视频动画等形式，这些视觉化冲击模式也有一定科普的效果，但是在这类科普活动之后缺乏对受众接受度的后续跟进了解，科普并不能达到预期的效果。

从科普受众来看，当前金融科普工作针对的受众更多出于开展科普的方便性考虑，针对真正有需求的受众设计和提供的金融科普工作比较少。大部分单位安排科普工作任务时对科普受众所在区域、消费偏好和金融服务需求等差异因素欠缺考虑，科普工作缺乏明确的目标与系统计划安排，每年定期进行泛泛科普，城镇居民成为屡次科普的受众，如此造成受众群体单一。金融服务专业知识空白的一些农牧区居民与融资需求较强的小微企业极少被金融科普活动所覆盖，金融服务专业知识的科普与受众方需求的匹配度难以发挥金融科普应有的效率。

二、实施主体与金融科普模式效率的关系

（一）商业银行推进金融科普面临的冲突

通过调研发现，在实际工作中商业银行及金融局等金融机构往往通过"金融知识宣传月"或"金融诈骗预防宣传周"等主题周、任务月进行金融服务专业知识的科普宣传，组织、派遣工作小组在广场、公园等城镇居民聚集地举办活动，吸引居民参与和互动，有时在居委会的配合下进入社区向居

民进行宣传。这是常见的金融科普模式，其宣传内容基本由宣传机构单方面决定，事前并未对受众方的需求与偏好进行调查了解，属于为了完成科普宣传任务和指标而举办科普活动。这类科普模式宣传活动效果难以体现，时常出现广场科普活动无人问津的冷场或被误以为金融机构在推销金融产品而拒绝参与的情况。完成任务的金融机构不会投入大量人力与资金进行科普活动的事前调查以及宣传内容设计与科普形式创新，因为科普活动几乎不会产生直接的收益，受众在提高金融素养后产生的是正的外部性，并不会直接转化为该金融机构的市场潜在客户，但进行科普活动却需该金融机构单方面投入成本。作为公共物品的科普提供与金融机构运营的营利性目标冲突，所以在举办科普活动时客观上形成侧重完成任务的视觉画面感，而忽略可能达到的影响与效果。

（二）地方政府提供金融科普需要的转变

在广州民间金融局的调研中了解到，我国科普政策制定与实施都是由政府主导，社会力量、民间团体参与推进金融科普的积极性并不高，科普政策的贯彻实施不力。政府是金融科普经费的直接供给者，目前来看我国金融科普进展缓慢的一个重要原因在于经费不足。民间金融局作为广州民间金融业监管单位，并未获得开展金融科普的专项经费，因此金融科普所需费用不足，在很大程度上决定了金融科普的模式。政府部门一方面作为各领域科普的经费提供者压力巨大，另一方面又忽略了对社会组织、民间机构、民间金融等各方力量协助推进科普工作的引导和鼓励。建议政府可以通过税收优惠、项目贴息等措施吸引和鼓励社会各方对金融科普的推广和投入，发展形成多元化的科普投入机制。

（三）地方科学技术协会推进金融科普或有缺位

调研中发现，一些地区金融科普的开展缺少地方科学技术协会（科协）的参与，科协作为科普主要职能单位，对金融科普的推广没有发挥其创新科普模式的优势与功能。相比于政府部门、商业银行与民间机构，科协具有更多科普资源，开展科普工作也更有专业经验，科普能力更强。但其在金融科普方面没有展现其科普专业职能，加之政府部门、金融机构在开展金融科普工作时各行其是，与科协部门之间缺乏协调，没有优势互补的协作，导致金融科普推广效果不理想。广东省科协在绿色发展、安全生产、节约资源等方面的科普工作均取得较好成果，而金融方面的科普工作却因缺乏交流协作而收效甚微，比较遗憾。

（四）民间金融机构促进金融科普的优势与局限

商业银行及金融局等金融机构在主题周、任务月举办的广场、公园等科普活动中受众参与度较低，而民间金融机构在发展自身业务过程中对金融科普的促进作用却效果可观。民间金融机构与传统商业银行的客户群存在较明显差异，更广泛接触和了解小微企业、工商业户以及网店自营商，在拓展市场过程中需要深入这些受众群体，走访调查了解其融资需求与特点，根据其实际需要进行金融服务的定制与提供。民间金融机构的业务发展过程也是使社会受众群体对其金融服务了解、熟悉与接纳的过程，促进了相关受众群体金融意识的提升与金融服务的参与度，也为金融机构树立了良好的社会形象，创造了利于自身持续发展的外部环境。这是民间金融机构的优势所在，但也存在局限。金融科普前期调查走访的人员投入巨大，而这部分投入很难短期产生利益，往往导致成本收益不平衡，使民间机构针对性地深入金融科普工作缺乏可持续资金支持，需要与其他机构协助与合作。

综上所述，从金融科普实施主体而言，如何提高宣传内容与受众方对金融服务需求的匹配度，以及如何提高受众的接纳度与互动意愿是直接影响科普效率的关键因素。这两大因素密不可分，前者直接影响后者，共同决定科普效果，所以探索有效的科普模式必须重视和解决这两大因素的问题。首先，在计划安排金融服务专业知识科普工作时要有明确的目标，对于受众有明确的针对性，明确城镇居民、农村居民或者牧区居民、小微企业、互联创业者等受众群体对有关金融服务的需求与偏好，使科普宣传内容可以有的放矢、量身定制。其次，事前的调查了解已经与受众群体有所接触，科普内容又与其需求与偏好比较吻合，这在主观意识与客观体验上都会使金融科普活动易于接受，有利于唤起受众群体的兴趣与参与的积极性。然后，在具体科普方法上因地制宜，以受众群体喜闻乐见的方式举行，营造一个在体验中学习、在学习中互动、在互动中了解金融服务专业知识的氛围。最后，在受众结束参与科普活动时进行反馈问询，了解科普效果。如此，对实施方而言举办金融服务专业知识科普活动的收效会大有提升。

三、受众与金融科普模式效率的关系

如上所述，金融科普是一个信息与服务双向互动的过程，需要实施主体事前进行计划与调查了解，同时也需要受众群体的接纳、配合与需求披露。而在我们实地走访调研过程中发现，在金融机构调查了解过程中，受众群体的消费偏好、金融服务需求等个人信息存在配合与反馈障碍，"触达"成为一个棘手的现实问题。

造成这种状况的原因主要有两方面。其一是受众群体广泛存在着相悖的矛盾心理，体现在个人信息的防护和投资收益的盲目追求。近年不断发生并被曝光的各种金融诈骗案件使居民产生强烈不安全感，对于个人信息与服务需求的披露分享变得十分谨慎，甚至警惕；而对熟人邻里之间的传闻又容易信以为真。一些高利息回报的非法集资项目正是利用这一点，让少数人短期收到高利息，这种示范效应使不明就里的居民盲目地信任追随，从而落入被蒙骗的陷阱。这种经历加剧了居民对金融的不安全感，直接导致调查被排斥。其二是受众群体对于金融完全不了解的无感，根本不知道金融服务能帮自己解决什么问题，不清楚对于金融服务的需求，在调查中也无法有相应的配合与信息反馈。广大农牧区的居民大多存在这样的问题，要了解他们真实的需求非常困难，需要先能够走进他们的生活圈，与他们成为朋友，才能够从他们的角度发现他们的需求。而这需要难以估计的人力、时间及相应的协助条件。

从目前已有的实践来看，金融科普开展过程中多体现出同质化的特点，表现在金融部门定期开展金融科普工作，但无论是进入社区发放传单、开设讲座或是广场摆台科普，内容差异不大。不考虑受众年龄、消费偏好、生活区域及受教育程度等差异的普适性科普并不能有效触达，填补受众金融知识的空缺。而针对性开展金融科普工作，需要相应资金人才配备与协助措施，仅依靠金融机构作为实施者进行操作比较困难。

金融科普是一项经历时间长、成果见效慢、资源投入大的民众素质提升工程，具有很强正外部性，需要实施者人力物力投入和有组织有管理的策略，更重要的是需要触达受众群体，能够使受众有意愿参与和吸收。

我国各个地区经济发展状况参差不齐，经济发展较好地区金融科普工作

进行较为顺畅，居民人均获得的科普资源较多，科普工作效率较高。经济状况相对较差地区，地方政府更注重促进经济增长、保证就业率、提高民生供给，将有限的资源投入投资少、回报快、收益高的项目；金融科普的推进就多是偶尔举办科普讲座、社区活动等形式，城镇居民与农牧区居民享有金融知识科普的均等权利得不到保障。尤其在边远贫困地区，受众群体信息素质较低，习惯从简单媒体中获得信息，容易相信网络聊天、电视广告、短视频等目的性明确的信息。这部分受众群体对信息的真实性与有用性判断能力较低，加之金融诈骗的负面影响导致的不安全感使他们缺乏接触了解金融相关知识的主观意识与意愿，阻碍了金融科普真正触达并惠及他们。

从金融受众群体而言，如何实现触达是关系到金融科普效率的最重要因素。在受众群体多样化且差异性明显的现实情况下，需要地方政府的参与和协助，在具体承担金融科普的金融机构与受众群体之间起到桥梁作用，缓解受众对于金融的误解及不安全感，弱化受众对于金融机构科普前期调查了解信息收集的排斥与不配合情绪。金融机构收集信息，了解受众群体的偏好、需求及特点后，对于将要进行的金融科普可以设计针对性的内容，采用易于受众群体接纳的模式，如此金融科普的供需双方匹配度改善，科普效率随之提升。

第二节　金融科普宣传及普及渠道

在实践中，金融科普呈现着直接显性的宣传与间接隐性的宣传相互交织的状况，涉及的受众群体也从小微企业、创业者到城镇居民、农牧区居民。我们以不同受众群体为主线来归纳总结调研走访中了解到的金融服务知识宣传普及实践中比较有成效的方式。

一、为小微企业融资困局搭桥

在广东揭阳调研期间，民间金融机构博大金融集团在开创市场同时担负起金融普惠与金融科普的社会责任，为当地小微企业谋求融资机会牵线搭桥，培养小微企业融资意识。小微企业受其规模所限，财务管理制度不尽完善，会计报表难以反映真实经营状况，因此向商业银行申请融资时达不到银行要求。小微企业会退而求其次，寻求民间借贷市场短期融资或过桥贷款，融资成本相比商业银行贷款要高出许多，加重了小微企业的经营负担。

揭阳博大金融集团的下属分公司业务之一是配合当地政府对小微企业信用状况进行管理，为小微企业进行信用评级，根据评级结果将有融资需求且信用级别较高的小微企业推荐给各大商业银行，为银企双方提供了达成借贷的可能性。在为小微企业进行信用评级过程中，不仅需要专家丰富的专业经验，还需要专门的人员调查了解小微企业所属行业的产业链、企业采购单、出库单及物流等能够真实反映企业投产运营与销售状况的信息，在会计资料不完善的情况下有助于提高营利测算与现金流测算准确性，为信用评级提供参考。当被推荐给商业银行的小微企业成功获得商业银行贷款后，才需要对信用评级服务支付费用。由此，我们看到这项业务带有一定公益性质，每一个小微企业的信用评级都会发生成本，而只有成功获得贷款的企业才会支付服务费用。在与众多小微企业经营者往来互动过程中，对企业的调查了解与为企业进行融资推荐，客观上向小微企业经营者群体输送着金融服务的专业知识与融资信息，潜移默化地影响着小微企业经营者群体的融资认知，树立了融资意识。

目前江门市是小微企业信用评级与双创实验的试点城市，政府会发文对这类项目进行政策支持与资金补贴，而且以优惠措施鼓励商业银行对信用资质优良的小微信贷进行配合。商业银行出台政策回应，信用评级为 A 级的小微企业会获得信用贷款，同时科技部门也对此进行贴息支持。在揭阳、江门的案例中，我们发现政府的牵头推动、银行的配合与科技部门的共同协作是使江门成为信用体系建设示范区的重要支持因素。

二、为淘宝村经营者资金运营进行指导

这个案例来自揭阳博大金融集团的另一个下属公司，当地淘宝村的崛起、发展和博大金融集团给予及时扶助分不开。在走访调查淘宝村商户的金融服务需求时，其艰难超出我们想象。商户做生意是需要资金支持的，但是商户们本能地排斥和拒绝金融机构的接触，更不会给金融机构为他们提供金融服

务的机会。不懂金融所以排斥，排斥又更远离对金融的了解，陷入金融服务匮乏的循环困局。博大金融集团的工作人员尝试了各种办法，投入大量时间建立商户与工作人员之间的信任感，艰难实现触达破冰。商户们开始接纳博大金融集团工作人员举办的讲座，听取他们有针对性的金融知识。定期针对商户举办的金融知识培训与咨询指导，使很多商户从对金融懵懂排斥到具备一定金融知识，对于资金运营管理有了一定认知，为商户们更好地运营网店发挥了不可替代的支持作用。

博大金融集团的工作人员从商户角度出发，协助商户总结网店运营的资金运转特点，发现大约15天为一个周转周期，但逢节日、促销日等特殊时期发货量猛增，回款就会有缺口。商户资金实力有限，回款不及时限制了其下一步进货和生产。如果短期内能够得到金融机构融资就会顺利周转，扩大生意规模。在这个调研、发展业务的过程中，博大金融集团的工作人员既开发客户与市场、拓展公司业务，也客观上倾注了人力精力推进了金融科普。淘宝村的崛起体现出金融科普对需求方资金动作管理的重要作用，也显示出需求方金融素养提高对金融运行效率的积极影响。

三、为进驻孵化器企业金融素养提供培训

在我们走访绿圃科技控股有限公司在广州的孵化器时，负责人谈到，虽然这个孵化器主要面对医疗器械企业进行科技成果转化，但是也会不定期为进驻企业举办金融相关知识讲座，既在宏观层面有金融政策变化与解读，也在微观层面有与公司金融紧密相关的内容，会根据企业需求的反馈相应调整。

孵化育成体系是广东科技创新强省的重点工作之一，广东省也出台了"科创12条"等一系列有关孵化育成体系的政策举措。据南方网报道，截至2019年6月，广东全省孵化器总数达到989家，众创空间868家，数量还在大幅度增长。其中国家级孵化器110家，国家备案的众创空间230家，在孵企业超过3.1万家，累计毕业的企业达到1.7万家，吸纳就业人员近60万人，科技孵化育成的载体已经成为新材料培育和新旧动能转换的支撑力量。近千家孵化器和众创空间开展不定期金融知识科普讲座，惠及在孵企业发展，是推进金融科普提升在孵企业金融素养的双赢举措。但是，在访谈中也了解到，举办金融科普培训活动基本都由孵化器承担成本，所以也客观上限制和决定

了培训活动的频率与规模。如果发展合作模式提供培训活动，会有更好的效果与广大发展空间。

四、为城镇居民尝试合作式金融科普

在城镇金融科普实践中，承担金融科普任务的实施主体之间缺乏信息流通、清晰定位与相互协作，导致科普工作效率较低。政府机构主导开展金融科普工作，自身缺乏有效的实施手段。民间金融机构具有开展金融科普的能力，但由于正的外部性使成本高于收益，资金投入制约着民间金融机构对金融科普的大力推进。政府机构和民间金融机构各自存在的局限性造成金融科普活动很难达到预期的效果。

广东揭阳和江门两地作为试点，政府通过给予补贴以及其他政策便利，鼓励民间金融机构开展金融科普工作，形成政府为主导、多家民间金融机构负责各自区域的"一机构一区域"新型科普模式，加强金融普及教育内容的系统性和连贯性，推出多项举措。其一是推进金融知识进校园。自 2015 年试点以来，政府和银行联合多家民间金融机构进入校园普及金融基础知识和金融诈骗识别方法，工作人员结合学生需求，采用针对性的授课方式，灵活、有效地开展授课活动。其二是推进社区金融大讲堂建设。金融大讲堂与金融机构开设的社区网点相结合，工作人员每周定期前往社区讲授金融知识，介绍最近曝光的诈骗手段，这一活动深受广大社区群众欢迎与好评。其三是推进社区金融科普宣传栏、金融科普画廊、LED 显示屏等科普基础设施建设。自 2015 年以来，揭阳市政府新建和改建金融科普网点 34 个，科普宣传栏 113 个，市区内多处安装 LED 显示屏滚动播放金融知识与防诈骗知识，营造了良好的金融信息获取氛围，便于广大市民了解学习。此外，各民间金融机构依靠自身企业网站，利用互联网技术、借助其他省份的金融科普资源，积极配合政府推进金融科普信息化建设，开展数字金融科普。数字金融科普系统由数字金融科普数据库、音频录像平台和终端显示屏三部分构成，依靠互联网实现了金融知识资源相互联通，全时段播放金融知识，并提供点播服务。各民间金融机构网点或金融科普讲堂都设置有终端显示屏，定时播放各类数字科普节目，实现了金融科普模式的数字化。

五、为农牧区居民提高金融科普触达

这是 2013 年中国银行总行挂职甘南藏族自治州（以下简称"甘南州"）的刘小宇副州长在开展工作时开创的方法。当年甘肃省委、省政府与省农行联合在全省 58 个贫困县推出由省财政全额贴息的双联惠农贷款，而甘南州双联惠农贷款工作进展缓慢。不是身处贫困地区的甘南民众不需要贷款，而是民众对于银行贷款根本不知道、不了解、不明白，没有金融常识，不能被触达。面对需求方的缺位，惠农信贷供给无法发挥作用，对于农户和牧民进行金融常识普及与金融需求了解成为必须解决的问题。

刘小宇与州主要领导对 6 个县 18 个乡镇 90 个村进行调研，直接走访农牧民，发现藏族是一个非常重视诚信的民族，口头一句承诺胜过手中的合同。只有担心贷不到款的群众，没有恶意不还款的群众。甘南州干部进村入户进行了一场"村不漏户、户不漏人"的摸底调查。这是直接走访农户的调查，也是将金融常识与借贷政策送到农户中间的有效触达。很多参与完成这项覆盖甘南州走访调查的工作人员都付出了各种艰辛，寒风中步行几个小时才能到达要走访的村寨是常有的情形。根据调查，甘南州委、州政府对全省双联惠农贷款实施方案结合甘南州实际进行了 10 多处修改，将贷款发放、使用、回收与担保，调查团队、乡政府、村组干部、包村干部、双联干部的工作责任结合起来。这一模式效果显著，村民农户谈论申请贷款的人多了、谈论买多少牛羊的人多了……整个甘南州农牧民的生产积极性被释放出来。到 2013 年 7 月 30 日，甘南州发放双联惠农贷款 4.59 亿元，排名从甘肃省倒数第一上升到顺数第三。省委、省政府和省农业银行随后决定，年贷款规模由年初计划的 3000 万元调整为 8 亿元，连续投放 5 年，覆盖所有农牧户。

这一成功案例中，刘小宇等甘南州地方领导干部举力进行的深入农户走访调查非常有效地推进了金融服务与金融常识在农牧区民众中的渗透与普及，触达效果显著，强有力地改善了助农贷款初期需求方缺位的状况，供需匹配度提高，释放生产力促进了当地经济发展。

综上所述，在城市、小城镇及农牧区推进金融科普，以分区负责、直接推广或伴随主业务开展的方式在实践中有诸多探索，已经涌现出不同类型、效果良好的可借鉴科普模式。但同时现实问题依然存在，金融科普具有正的外部性，如何解决资金支持、实现受众的有效触达是金融科普模式需要跨越的障碍。

第三节　提高金融科普有效性的模式

由于金融科普具有公共物品的属性，在实践中效果较好的推广模式都离不开地方政府的参与。本节将科普受众所处地域划分为城市、城镇与农村、牧区两大类别，分别探讨有助于提高金融科普有效性的科普模式。

一、适合城市、城镇的金融科普模式

在调研中发现，地方政府直接资金支持与政策引导社会力量均可发挥积极有效的影响。具体而言，以下三种模式在推行过程中进一步探索完善，可以发挥强化和促进金融科普有效性的作用。

（一）以相关政策引导和鼓励金融机构承担和履行社会责任，发挥专业优势促进金融科普

在广东揭阳博大金融集团调研时我们了解到，集团两个下属公司在为小微企业信用评级服务以及支持淘宝村起步发展过程中成本收益是不对等的，然而民营企业承担履行社会责任，树立了良好的企业形象。市政的其他项目启动时会更有意愿与这样具有良好社会形象的企业合作，如能够营利的环保项目。如此企业在可营利项目运营的收益会在整体上达到财务平衡，为企业承担和履行社会责任方面的支出提供支持。地方政府通过有选择的市政项目合作，以政策鼓励和引导社会力量（如民营企业）自觉履行社会责任，发挥企业专业优势与民众基础优势，引导其积极参与金融科普这类公共物品的提供，提升受众方的金融素养与金融服务效率，促进地方经济发展，如图5-1所示。

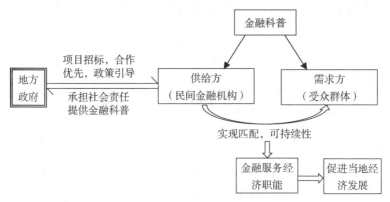

图 5-1　地方政府政策引导社会力量实施科普模式

（二）以政府采购为以孵化器为代表的平台进行金融科普定制活动提供资金支持

广东民企众多，孵化器和众创空间都达上千家，在这些平台聚集着众多在孵企业、初创企业。由于行业之间专业性的差别，一些企业对金融服务专业知识一知半解、认知不足，需要金融科普讲座了解投融资知识。孵化器平台有意愿、有条件为在孵企业举行金融科普类宣讲，但偶尔的宣讲难以弥补企业投融资知识的缺乏，而系列化、具有持续性的宣讲又需要大量成本投入，平台预算资金难以全部承担。

地方政府如果进行改革试点，按照一定规格与要求对孵化器类平台举行金融科普活动进行采购，比如一年内按次进行采购，可以起到一举两得的效果。一方面，相比政府对开展金融科普的机构直接进行专项资金拨款，按次按规格要求的采购使资金真正实现了专款专用，提高了资金使用效率；另一方面，对于平台机构按计划策划和举办系列金融科普活动提供了资金支持，鼓励了平台机构参与金融科普的意愿，提高了平台机构对在孵企业、初创企业进行扶持协助的积极性。此外，政府可以有选择性地采购，平台类机构金融科普活动在竞争中优胜劣汰。这样政府可以高效率使用资金促进平台类机构推进金融科普，促进在孵企业、初创企业的成长，为地方经济活力输送新鲜血液，如图 5-2 所示。

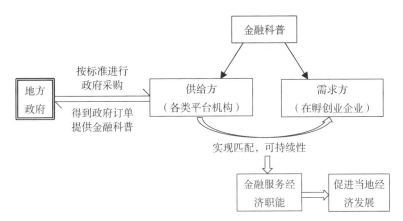

图 5-2　地方政府采购平台类机构系列金融科普模式

（三）以提高全民金融素养为根本目标与教育系统合作，从素质教育入手建设校园金融科普

广州市民间金融街曾以大学生为对象进行问卷调查，问卷针对金融科普政策提到 8 个问题，目标是掌握大学生群体对我国重要金融科普政策的了解程度。调查人员的学历构成为本科生（58%）和研究生（42%）。调查结果显示，有 85% 的人不知道我国金融科普方面有哪些政策。大学生与研究生教育层次的人群对金融科普政策不熟悉、不了解，从侧面反映出民众对于我国金融科普政策的了解和关注程度。

全民金融素养的提升需要从根本着手。我国实行 9 年义务教育制度，有些边远地区实现了 12 年义务教育，素质教育在教育过程中越来越受重视。金融素养培养可以作为素质教育的一个部分融入素质教育过程，进入学校教育体系。在小学阶段和初中阶段，家长们来自各行各业且各有所长，配合学校开展金融科普素质教育、为学校进行讲座或者策划参与科普活动完全可行。在高中阶段，丰富多彩的活动都可以融入金融科普话题，如小话剧、辩论、案例讨论等，可以让青少年通过实际体验建立对金融知识的认知，培养金融素养，如图 5-3 所示。在经过中学阶段对于金融专业知识的接触了解后，青少年对于进入大学是否选择金融专业学习也会有比较清楚的认识，不会盲目从众追逐热门，有助于树立理性正确的价值观。

在城市、城镇地区，金融科普的供给方与需求方之间难以持续性匹配的主要症结在于进行金融科普的供给方资金支持问题，正外部性属性的金融科普不能够完全由金融企业以承担社会责任的状态进行供给。因此，政府有责任对于承担金融科普供给的金融机构以及平台机构给予支持，以政策引导金融机构或政府直接采购等形式提供资金支持，使金融科普的供给方可以实现供给的可持续性。同时，金融素养的培养是教育系统素质培养的一个重要组成部分，政府有必要在教育系统素质培养过程中渗透和加入现代社会金融服务与知识，从根本上培养和提升全民金融素养。

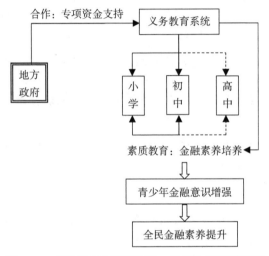

图 5-3　素质教育的重要环节：校园金融科普系列

二、适合农村、牧区的金融科普模式

我国农村、牧区地域辽阔，人口密度差异巨大，进行金融科普推广的制约因素很多。农村、牧区的生产方式多样，受众群体习俗、传统也多样化，甚至语言也呈现多样化，很难以普适的科普模式进行推广。据相关数据统计，全国农村户籍人口 9.4 亿人，农村劳动力占比将近 50%；其中具有高中及以上学历的比例只有 13%，具有小学文化的占 30%，而其余 7.5% 的人口基本不识字。随着城市化进程，农村大量具有较高文化水平的年轻人流向城市，留在农村的劳动力大约 2.8 亿人，其中接受过高等教育的人口占比不足 5%。受教育程度意味着对现代社会的认知与参与能力，认知的局限直接影响着受众对信息的反应与接纳意愿。当从更容易接触的电视与手机信息中被动了解到金融诈骗的事例，受众对于被诈骗的恐惧感与金融紧密相连，与金融相关的信息都容易引起受众的警惕心态而被排斥和远离。这是一个艰难的现实状况。在调研过程中，开展相关科普工作的企业反映，农牧区金融科普难度大、成效差，政府的补贴与高额支出难以匹配，责任企业在其负责区域无法推行高质量科普活动，金融科普工作流于形式。

当农牧区居民主观意识停留在向亲朋借钱、向村寨里的高利贷者借款进行生产活动时，贫困的状况是没有希望改善的，而且居民的家庭财务状况可能更加脆弱，高额利息负担会使家庭财务雪上加霜。即使农村信用社、村镇商业银行或者牧区金融服务点有支持"三农"发展的政策性优惠贷款，但是居民的不可触达会直接阻碍这类政策扶持性贷款的发放，需求方缺位抑制了政策扶持性贷款对地方经济发展的有效推动作用。因此，农牧区金融科普很重要的意义在于金融服务相关知识对农牧区居民的触达，这是发掘和培养需求方的开创性工作，正外部性强大，投入要求也巨大。

在农村、牧区开展金融科普活动需要采用更具针对性、更加细化的应对措施。结合当地民情，以受众群体的切身利益为切入点，改变和塑造农牧区居民的主体意识，让他们认识到了解、学习金融知识能对他们的生活带来帮助，对改善生活条件、增加经济收入有积极作用，促使农牧区居民愿意尝试了解和接受科普。

（一）多方协作尝试量化农户信用评分，促进有条件的农村地区系统推行金融科普，提高受众金融意识

农村信用社、村镇商业银行是帮助农村居民脱离贫困、发展生产的重要支持，农村金融知识科普是发挥金融机构精准扶贫作用的必要条件。长期以来，乡镇银行或农村信用社都面临较为严重的信息不对称问题。农村地区居民信用信息缺失，相关农业信贷存在较高风险，大多数农户对于金融相关知识了解甚少，缺乏风险意识，形成了大量不良贷款。为应对这类问题，民间金融机构开展的金融科普活动从量化农村居民信用度出发，通过地方电视台专项节目宣传，加以上门访谈方式，让农户了解其开展的信用评分业务。并且，政府对通过信用评分的农户给予现金补贴，鼓励农户进行信用评分。此外，政府配合当地人民银行出台政策至乡镇商业银行，保证信用评分业务的运用，农户通过乡镇商业银行获得相关贷款（多方协作科普流程见图5-4）。

民间金融机构在此基础上进一步深化科普知识，以期提升农户的基础金融素质。具体措施有：

第一，重点培养在农村地区起带头作用的受众人群。我国农村地区相比于城市地区的特殊情况决定了培养农村居民金融意识时不能齐头并进，需细化科普方式，分清主次、依序解决。在开展面向全体农村居民金融知识科普工作的基础上，重点培养农村金融科普带头人，通过带头作用辐射金融知识科普，扩大科普触达率与覆盖面。

第二，实现农户与牧民就近接受金融科普教育。农牧区金融科普工作格外需要关注农牧民意愿，在科普内容上针对农牧民现实需求和接受能力，进村入户进行宣传。可以充分利用联通、电信网络与互联网条件，推进媒体资源在有条件的农村与牧区普及化。电信信号与互联网方便的农村与牧区，居民普遍接受广播特别频道、电视特别节目、农业科技站等，加之近年智能手机普及，通过 App、公众号订阅等使金融服务相关知识的科普推广具有可操作性。农户与牧民发展生产所需的金融服务支持信息、政策性贷款等正向信息可以及时传递，而有关非法融资、金融诈骗手段等培养其树立风险意识的信息也能及时分享，农户与牧民在方便可得的信息条件下了解和接触金融服务相关知识，逐渐增强金融意识。

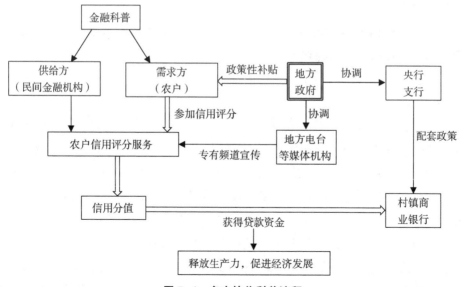

图5-4 多方协作科普流程

（二）地方政府发挥基层政府管理职能，协助专业科普人员进村入户开展农牧区居民金融服务调查与科普活动

广大牧区具有其特殊性，人口密度小，居民彼此交流有限，多为少数民族地区，当地居民交谈使用本民族语言，对于金融科普人员使用汉语进行调查和咨询交流有困难。同时媒体披露的金融欺诈事件负面效应巨大，使不了解金融服务的当地居民对金融有谈虎色变的排斥情绪，所以金融科普专业人员的进村入户存在着阻碍，难以实现触达。在金融服务科普供给与农牧区居民实际金融需求之间需要一座桥梁来化解居民的疑虑心理和排斥感，使其愿意尝试接触和了解金融服务知识的科普，愿意了解政策优惠，接受金融专业人员现场咨询，帮助其解决生产资金贷款方面的实际问题。而这一桥梁必须是地方政府的基层工作人员，只有基层干部才能发挥如此重要的作用，为当地居民带来信任感，使其放下警惕防备的排斥心态，接触、了解金融服务科普，基层干部带领科普工作人员进村入户调查、宣传才能落地可行。

推进基层干部带领金融专业人员进村入户要耗费大量人力与时间，而广大牧区人口密度小、交通条件有限，科普过程推进艰难。因此，有必要在这类地区设立和培养以点辐射面的金融服务咨询点，在金融专业人员的配合下，以最基层的村寨为单位，设立金融服务点，在当地居民中培养对金融服务知识吸收快、信用好的住户，基层政府给予补贴，金融机构配合出台政策由其代理操作简单的金融服务项目，让每个村寨都有自己的金融明白户，可以有效地持续发挥辐射作用，扩大金融服务的覆盖率（金融服务点框架见图5-5）。

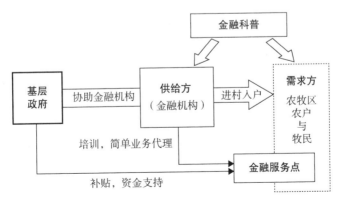

图5-5　基层村寨设立金融服务点

综上所述,在农村、牧区进行金融科普呈现不同于在城市、城镇推行科普的特点,在金融科普的供给方与需求方之间存在的问题不是如何使其匹配具有可持续性,而是如何使供给方能够触达需求方,如何使隐匿缺位的需求方成为金融服务的真实需求方。在经济发展比较有条件、人口聚集的地区,地方政府可以协调人民银行支行、金融机构等推进农户信用评分模式,在比较贫困、人口密度小的地区地方政府基层工作人员可以带领金融专业人员共同进村入户进行调查和科普,传播金融服务政策,培养住户使用金融服务的意识,使其资金需求在金融服务系统中得到匹配。

三、金融科普的长效模式

以上我们分别从城市、城镇与农村、牧区两种区域角度探讨了具有现实可操作性、有助于提高金融科普有效性的科普模式。在两类不同区域的有效科普模式中,地方政府在科普供需双方可持续匹配过程中发挥着重要的主导和支持作用。

尽管地方政府在两类不同区域金融科普模式中都不可或缺,但是我们不难发现,不同区域金融科普模式中需要政府发挥支持作用的侧重点有明显差异。在城市、城镇适用的金融科普模式中,小微企业、个体商户及城镇居民是数量众多而密集的,受众的触达是可实现的,而金融服务科普供给的资金支持是容易出现链条断裂的薄弱点,地方政府主要的作用体现于制定针对性政策对社会各方力量进行鼓励、引导,充分调动和发挥金融机构承担社会责任进行金融科普的专业优势,有效利用快速增加的孵化器及众创空间等平台功能,以政府采购方式为平台提供资金。解决了科普推广的资金支持问题,金融科普的供需双方可持续的互动就成为可能。

而在农村、牧区进行金融科普主要面对的是需求方缺失的问题,农户与牧民对于金融的误解与排斥是实现金融科普的屏障。地方政府着力解决的是通过基层干部与当地居民的熟悉感消融当地居民对金融拒之门外的排斥情绪,进村入户面对面交流了解,给他们信赖和安全感,打开居民的心结,让金融服务能走近他们,走进他们的生产生活领域。只有实现触达,金融服务才能传递给发掘出的需求方。金融科普正是为金融服务的供给方培养和准备了与之匹配的需求方。实现供需匹配的金融科普是无形的先行基础设施,为金融服务于当地经济发展准备了条件,解放了当地生产力,有效提升居民收入与生活水平,促进当地经济发展。

我国义务教育是覆盖全国范围的,甚至一些边远贫困地区实现了12年制义务教育,在义务教育阶段素质教育具有重要的意义。但在实际中,在城市和城镇的义务教育阶段开展金融科普活动易于操作实现,城市、城镇拥有各种金融机构,学生家长就业于各行各业,金融类资源丰富易得,学校结合素质教育开展金融科普活动能够得到家长支持与配合。而在农村牧区情况相差甚远,人口分散、学校很少、教师稀缺,一些边远地区的义务教育不得不由志愿者接续进行,正规教育难以保证,更妄谈素质类教育的配合,金融知识融入义务教育过程难以实现。现实条件的差异导致教育系统的素质教育在两类区域呈现巨大反差。因此,在农牧区进村入户模式的金融科普尤显必要,在教育系统难以配合进行青少年金融素质培养的情况下,面对住户进行科普成为唯一可操作的途径。

综合而言,长效金融科普模式下(见图5-6),地方政府及基层政府是发挥主导作用的主体。在政策引导、政府采购与推进素质教育过程中,地方政府为金融科普供给机构提供资金支持,使其对金融科普的供给具有可持续条件。地方政府主要体现的是对金融科普供给方进行可持续供给的支持作用。基层政府的桥梁作用主要体现于促成金融科普的供给机构对当地居民的触达,发掘隐匿的金融需求,以此达到金融科普供给与需求的匹配。金融服务供需的匹配与可持续,是金融业发挥经济血脉功能的基础,在全球经济下行大背景下,有效扩大内需对于实现经济稳定增长更为重要,金融科普提高了金融服务的覆盖范围,从微观层面服务于为数众多的小微企业、个体商户及农牧区居民,微观经济主体的生产能力得到支持与释放,有力地推动当地经济发展。

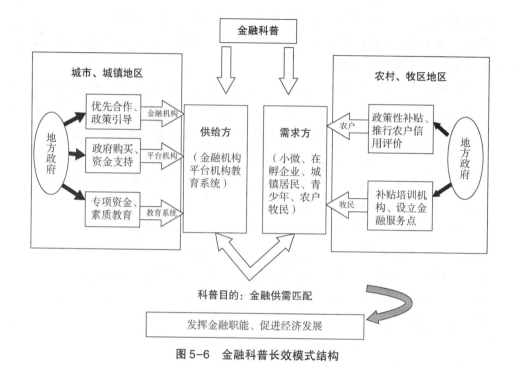

图 5-6   金融科普长效模式结构

四、金融科普现行模式中需解决的问题及与对策建议

各地区地方政府和金融机构对于金融科普模式在不断探索，但普遍存在缺乏长远规划、科普活动具有短期性、金融知识科普的工作机制有待完善、科普工作开展需要有章可循等问题。总体而言，表现在以下几个方面。

（一）地方政府对金融科普定位不准，其主导作用尚未充分发挥

金融科普的公共物品属性与其产生的正外部性，决定了进行金融科普的供给方不可能获得科普产生的全部经济效益，所以在市场机制下难以自动可持续提供。政府应该承担起金融科普的责任，认识到金融科普作为先行基础实现当地金融服务的供需匹配，对于金融服务于经济、促进当地经济发展的重要作用，结合本地区具体情况对金融科普进行准确定位，在城市、城镇或农村、牧区，明确地方政府在金融科普供需双方匹配过程中需要发挥主导作用的侧重点，有助于有针对性地进行政策制定与实施。

在现实中，各级政府的工作重心还是经济增长，对于不能直接产生经济

效益的金融科普工作有所忽视，体现在对金融科普活动缺乏长远规划与系统执行，政府的主导作用尚未有效发挥。科普工作模式带有较强的自上而下和行政化的色彩，政府对于金融科普工作的重视程度直接影响金融科普模式与效果，政府缺位不利于充分调动社会各界的积极性共同参与。调研过程中发现，金融科普工作不被重视是科普工作推进过程中突出的问题。在揭阳、江门等试点地区状况比较好，政府出台了相关的激励政策，对科普工作提供资金支持和政策便利。但尚未列入试点的广州在这方面是缺失的。

对于地方政府而言，首先，要提高对金融科普重要性的认识，能够针对本地区具体情况进行精准定位，明确进行金融科普的根本目的，提升微观层面经济主体的金融意识，从而构建本地区金融服务供需双方的良性匹配与互动，由此促进本地区经济发展。其次，进行本地区金融科普长远规划，进行统筹性决策。将金融科普工作与生产安全、环境保护、公共卫生等其他方面的科普工作同等重视，在预算中给予更多资金支持。最后，地方政府要及时更新科普理念。科普的本质是对科学知识的推广，运用大众传播手段让民众去理解科学、利用科学。科普理念会影响宣传的手段，少量的工作人员难以在大众媒体中扩展科学普及工作渠道。

（二）推进金融科普责任主体不明确，参与各方未能协作

在调研中我们发现，开展科普工作的责任主体不明，相关工作开展效果不明显。当地金融管理局、各商业银行、科协及民间金融机构各属不同管理部门，互相之间没有建立信息分享沟通与协作机制，虽然上述各方都不同程度地参与金融科普推行，但各行其是、各自为政，没能协调合作、发挥各自优势。同时，由于金融科普缺乏实施细则，各方对科普工作的参与积极性低，被动完成任务，进行的金融科普工作大多是应付行政命令的工作任务。各机构缺乏协作，对各自在金融科普中的优势与角色定位模糊，科普责任与效果未能落实，科普工作的各个环节无人把关，短期科普工作效果没有保证，长效金融科普工作更难预期。调研中我们了解到非试点地区城市、城镇金融科普工作活动大部分处于静态宣传，科普内容与其宣传方式比较单调，主要原因就在于责任主体不清晰。金融科普工作需要明确责任主体，比如地方政府认证的金融机构或者政府采购的平台机构，以及科协、各类机构和企业，在政府政策的框架下责、权、利具体化，对于各自可以发挥的优势作用与科普

目的进行明确，在此基础上进行金融科普的沟通协作，制定科普主要内容、科普模式、科普效果调查等实施措施，是有效提高金融科普工作效率的前提。

（三）规范金融科普法律法规，制定和完善实施细则

金融科普活动缺乏规范的金融科普法律法规、实施细则。需要通过制定规范性文件来明确各金融监管部门、金融机构及科协等机构在金融科普工作中的职责与业务范围，保障金融科普工作开展的系统性、规范性，避免金融科普变相为金融机构的产品推销活动。我国科普政策各地方有所差别，但大多是从宏观层面进行的纲领性指导，在实践推行的可操作层面比较欠缺可执行的细化措施。以《科普法》为例，其第6条规定"国家支持社会力量兴办科普事业。社会力量兴办科普事业可以按照市场机制运行。"但对如何市场化运作没有进一步解释和说明，操作过程中存在具体细节问题不明确的问题。为了更好地推行科普工作的开展，十分有必要配合《科普法》出台具体实施细则，使各类型科普活动推进有法可依、有章可循。

现行金融科普政策全面性有待完善，作为指导实践的政策方针应紧密结合时代变革与金融领域的科技化发展态势，在政策制定与实施过程中尽量涵盖科普工作的各个方面与实际执行过程的诸多环节，如对科普从业者进行激励，对科普产业发展进行扶持，扭转目前这类政策比较缺乏的现状。此外，作为试点地区的配套政策持续时间也有限，持续性发展有待于从政策层面进一步调整。从实践来看，金融机构从业人员对于承担和推进金融科普工作热情不高，能动性未被充分调动。需要科普法律法规明确对于金融机构承担社会责任开展金融科普活动的激励措施，以及金融机构对承担金融科普的工作人员相应给予肯定和激励，这样会有效改善被动应付式完成任务的状况，金融科普会提高质量、取得效果。比如，地方政府可以对自觉承担社会责任、促进金融科普的企业等微观经济主体给予税收减免、信贷优惠等方面的政策性支持，同时对于假借科普名义享受政策优惠又不作为的微观经济主体进行惩处，发挥政府的政策引导作用。此外，地方政府也可在金融科普的开展方面划拨专项资金，建设金融科普志愿者项目或鼓励科普从业计划，吸引金融机构、教育培训机构和各类平台机构积极参加金融科普活动。

（四）注重金融科普受众素质水平，多样化灵活采用科普模式

我国《国家中长期科学和技术发展规划纲要（2006—2020年）》提出建

设自主创新型国家的宏伟目标,《全民科学素质行动计划纲要》颁布后,对科普工作提出了新的期待和要求。《全民科学素质行动计划纲要》提出:"公众具备基本科学素质一般指了解必要的科学技术知识,掌握基本的科学方法,树立科学思想,崇尚科学精神,并具有一定的应用它们处理实际问题、参与公共事务的能力。"这表示我国早在十几年前已经在开展公众科学素质建设的工作。但是实地调研中发现金融科普活动在初期开展就出现困境,大部分受教育程度较低的人群对于科普活动参与兴趣低,缺乏了解接触金融服务专业知识的主观意愿。金融科普的工作还停留在"让公众接受科学"的阶段,对于进一步"让公众理解科学"和"让公众参与科学"的阶段,还有待金融科普深化和推进。

我国居民金融知识获取度有限,农村牧区居民金融知识匮乏问题尤为突出。对金融科普长效模式的探索必须从根源出发,与教育体系素质培养联手。金融、教育、传播媒体等各领域资源应协调配合,需要在地方政府主导与政策引导下发挥和实现整体联动效应。

金融科普培养和提高全民金融素养,民众金融意识是推广金融普惠的基础条件。我们主张调整金融科普工作的态度,把科普工作的重点定在务实上,为科普惠民利民做出实质性的效果,表现在整合地区优势资源,解决基层科普经费以及促进实现受众触达等方面。在采用科普模式时,必须细化金融科普的受众类型,针对不同层次受众群体开展各具特色的科普活动,立足于受众群体实际生活生产的金融需求,利用当代方便可得的网络环境资源调整金融科普模式。

在广东揭阳调研中我们注意到,针对农户、小微企业、外来务工人员等不同受众群体的金融类活动参与情况,根据其现实所需先行科普基本金融常识和反欺诈知识,在此基础上设计合理的金融科普内容,分析当前经济环境中居民参与金融消费与金融投资的特点,开展适应实际金融需求的金融科普活动,及时弥补居民知识缺口,取得较好的效果。比如对 P2P 产品的科普可以在一定程度上减少因缺乏相关知识伴随的过度投机行为。另外,加强农村地区金融科普工作强度方面,针对农村居民居住分散、文化水平参差不齐的特点,先期进行存贷款或保险等基础金融知识的普及,在拉近金融与居民的距离后循序渐进地推广互联网支付、理财产品和相关金融产品的投诉维权等金融服务专业知识。循序渐进、有目标、有系统地设计和推进金融科普需要持续地进行，采用多种手段和模式不断强化。设立金融科普网站、微信公众号、LED 屏等方式可以达到加强金融科普力度的效果。网站和微信公众号提供的金融科普内容要简明生动，易于掌握。同时，还要设立专业客服人员，提供反馈沟通平台，以便及时解答公众的问题，采纳公众的意见。在线上科普活动开展的同时，仍然保持金融科普讲座、金融知识进社区等线下宣传活动，发动乡镇商业银行或城市商业银行等地区金融机构深入社区开展内容丰富、形式多样的金融知识科普活动，组织社区居民参加全民金融知识有奖竞赛，营造金融服务在身边的氛围，对社区居民提升金融素质、提高防诈骗能力、树立理性投资理念、保护财产安全等起着非常重要的作用。

（五）规范整合媒体渠道传播，避免网络化时代的信息困扰

网络与媒体传播既方便渗透到居民生活之中，增强科普覆盖范围，节省科普投入资源，也存在着媒体传播渠道过多、信息碎片化以及公信力稀释等不良影响，因此在利用网络与媒体进行金融科普的同时要进行规范整合，力求扬长避短。

在揭阳市试点措施中，政府与民间金融机构开展"合作式"的科普工作，规定各机构负责金融科普的区域。虽然线下各负其责界限清晰，但线上社交媒体传播信息无法划分区域进行阻隔，各家机构通过网站、微信公众号等方式积极进行金融科普。多元化主体打破了传统媒体某种程度上的垄断，各家机构各抒己见、口径不一，尽管经过政府筛选，但各参与主体素质参差不一，发布内容的可靠真实性容易受到公众质疑，过于夸张的表述、掺杂推广自身业务的内容等因素都导致公信力下降。公信力弱化一定程度上影响人们对于科普知识的接受。

同时，随着科技发展，微博、微信、抖音等社交媒体对居民注意力的吸引和占据分散了对知识科普的关注与参与度。社交媒体不受时间、地点、写作格式限制进行内容生产与自主传播，造成信息海量递增和信息轰炸，居民个体的信息驾驭能力、信息消化能力和理性判断能力都面临考验。加之一些社交媒体的传播及其与用户之间的互动（转发、评论和点赞等），大部分居民既是网络信息的接受者也是传播者。但由于大部分居民信息消化与理性判断能力有限，缺乏专业人士把关，信息传播的过程中不可避免存在无秩序状态，"宁可信其有不可信其无""不怕一万就怕万一"的心态，导致负面不实信息的大量转发，而专业金融知识难以受到青睐有效传递的局面。因此，地方政府在网络媒体传播渠道多样环境下，要有意识关注对各类媒体渠道的监管与整合，规范网络传播中的金融类信息，帮助居民有效获取真实金融信息。

（六）建立金融科普工作评价体系，关注科普效果与外部性

各地区实施的金融科普工作缺乏系统的评价反馈体系，大多只有客服反馈和投诉等基本形式。对科普活动的评估应与科普活动目的相联系，在实际金融科普推进过程中却容易被忽视。一方面，金融科普供给机构出于完成任务的目的，重形式而不重效果；另一方面，从受众群体得到真实有效的反馈信息客观上比较困难，不易操作。但金融科普评价是科普活动结果与绩效的度量，建立评价体系可以明确社会责任导向。科普工作评价体系应包含创建组织形式、基础建设、开展活动、经费投入、特色载体、社会参与资源共享等多项指标，规定评分标准进行打分考量。实质上是把活动绩效、社会要素及其互动、发展关系等抽象为数量化、标准化的指标，把科普因素和活动变量用数字表述，用模型规划测度科学系统，创立一种建立在模型思维基础上的评价体系。

在访谈过程中我们了解到，民间金融机构、金融监管单位都有意愿建立较为完善的评价体系，建立能发挥人员主观能动性、实现资源高效配置、部门领导积极导向、各种机制协调聚合、有效开展科普工作的评价体系。但建立评价体系需要解决两大问题。一是评价标准的同一性和可操作性。选取的变量是否符合数学模型要求，变量权重的赋予是否能反映其本质特征，这需要不断探索改进。要克服各评测主体对同一项目评价结果的理解差异，要形成评价体系较为统一的衡量标准。二是评价指标的量化和可比性。金融服务专业知识的科普是面向多层次受众群体的复杂互动过程，其效果体现在微观经济主体的观念意识层面，反映在其生活生产过程当中，也在当地社会经济发展中有所贡献。而这些数据有些是不可测量的。其不可获得性使得指标量化难以实现，可比性也存在问题。因此，地方政府在构建本地区金融科普推进工作评价体系问题上，可与大学院校进行合作，利用高校科研优势，结合

本地区受众群体特点与科普目的，设立科研项目，共同研究科学适用的科普评价体系。

参考文献

[1] 刘小宇. 双联惠农贷款的甘南做法及藏区开发性农户贷款工作建议 [J]. 甘肃金融，2013（9）：11.

第六章

国际金融科普模式比较

尽管金融科普正在得到越来越多的关注，但是关于如何研究金融科普模式仍是一个需要深入探讨的课题。一方面，这是由于金融科普受到重视仅仅是近些年的事情，任何一个国家或机构都没有完美的解决方案；另一方面，正如 OECD 所指出，各国的国情不同、公众的需求不同，需要研究和解决的问题自然不同，没有统一的方案和模式。以下通过对国际经验的挖掘和总结，力求揭示出金融科普模式发展的总体风貌，为理论研究和具体实践提供参考。

第一节　全球基本状况与实践经验

本节从国家层次的金融科普模式入手，来分析各国金融科普模式的发展状况，以及从中可以汲取的基本经验。所谓国家层次的金融科普模式，在国际上有一个特定的称谓，叫作"金融教育国家战略"（National Strategies for Financial Education）。其本质就是金融科普，因此本书中不加论述地把它直接作为"金融科普国家战略"的同义语使用。金融科普国家战略包括了从目标、组织、手段以及资源配备的全方位的考虑和安排，因此该战略不是一个狭义上的策略，而是一种金融科普模式——顶层模式。

一、金融科普模式发展的国际进程

较早对金融科普采取全国性行动的国家是南非、英国和新加坡，它们分别在 2001 年和 2003 年在全球率先制定了各自的金融科普国家战略，随后日本、美国和西班牙分别于 2005 年、2006 年和 2008 年制定了各自的金融科普国家战略。这是各国根据自身状况所采取的金融科普行动的早期代表。2008年国际金融危机的爆发，使金融科普问题引起了国际关注，2009年OECD发起了"金融教育国家战略"行动计划，把此前各国的经验加以总结并向全球推广，其目的是加强金融稳定和发展，这是金融科普领域的一个里程碑，标志着金融科普进入国际视野和国际力量的介入。2012年，在墨西哥洛斯卡沃斯（Los Cabos）峰会上，G20领导人共同签署了由OECD国际金融教育网站（International Network on Financial Education）拟定的《金融教育国家战略高级原则》（High-Level Principles on National Strategies for Financial Education），这为各国的金融科普模式提供了进一步的指导意见和行动纲领。2013年，在俄罗斯圣彼得堡举行的G20峰会上，各国重申了它们对前述原则和政策的支持，并要求OECD编写一份实施金融教育国家战略的政策手册，OECD则于2015年完成了手册的编制，把这一工作推向了一个高潮。由于国际行动的开展，到2013年已有26个国家完成了各自金融科普国家战略的制定，2016年加入这一行动的国家增加到59个。其中一些国家不仅制定了发展战略，而且采取了切实的行动，主要有进行公民金融素养调查、建立专门普及金融知识的网站、成立专门领导和协调的机构、建立相应的法律或法规等。如今，金融科普国家战略的制定与实施已经成为国际社会积极推动的一项重要议程。各国金融科普的进展状况如表6-1所示。

表6-1　世界主要经济体金融科普国家战略进展情况[①]

国别	国家战略的制定	调查与评估	进展情况
阿根廷	正在考虑	国家证券委员会正在进行民意调查	无
澳大利亚	已制定，并正在修订（2011，2013）	全国金融素养调查（澳新银行，2003、2005、2008、2011）；PISA Fin Lit[②]2012、PISA Fin Lit 2015	国家战略调整背景下的金融素养存量调查
巴西	已实施（2010）	全国金融素养调查（2008）；PISA Fin Lit 2015	呼吁在国家战略公共网站上采取主动行动，审查公共当局所做的工作
加拿大	高级设计阶段	全国金融素养调查（2009）；PISA Fin Lit 2015（部分省份）	FCAC[③]外部利益相关者咨询委员会；全国会议；组织金融知识月

续表

国别	国家战略的制定	调查与评估	进展情况
中国	正在考虑	金融消费者调查，消费者投诉分析；PISA Fin Lit 2012（上海）	对公共金融部门落实倡议的情况进行评论
法国	正在考虑	金融消费者调查（2012）；PISA Fin Lit 2012	无
印度	高级设计阶段	已制定计划（OECD/INFE 调查）	正在设计国家战略路线图
印度尼西亚	高级设计阶段	全国金融素养调查（2006、2012，OECD/INFE 调查）	印尼央行 2012 年进行了调查，覆盖对目标群体的和金融教育计划改进等的评估
意大利	正在考虑	家庭收入和财富调查（半年一次）以及消费者调查；PISA Fin Lit 2012，PISA Fin Lit 2015	无
日本	正在修订（2005、2007、2013）	全国金融素养调查（2012，OECD/INFE 调查）	由中央金融服务信息委员会实施
韩国	高级设计阶段	针对户主的金融素养调查（2011，OECD/INFE 调查）；全国金融素养调查（2012，OECD/INFE 调查）；其他针对学生和成人的调查	金融服务委员会进行的调查，以及 2011 年委托独立研究所（韩国发展研究所）的研究论文；韩国银行 2012 年进行的国家调查和研究论文；金融监管服务局进行的其他调查
墨西哥	高级设计阶段	全国金融素养调查（2012，世界银行、OECD/INFE 调查）	分别由独立机构和金融教育委员会的一个专门工作组进行测绘
荷兰	已制定，并正在修订	全国金融知识调查（2007、2008，OECD/INFE 调查）；PISA Fin Lit 2015	由法律/法规、消费者事务和学校教育方面的专业研究公司进行
俄罗斯	高级设计阶段	全国金融素养调查（2012、2013，世界银行、OECD/INFE 调查）；消费金融调查（2013）；PISA Fin Lit 2012，PISA Fin Lit 2015	无

续表

国别	国家战略的制定	调查与评估	进展情况
新加坡	已制定，并正在修订（2003）	全国金融素养调查（2005）	无
西班牙	已制定，已实施（2008，2013）	家庭金融调查（2002、2005、2008、2011）；PISA Fin Lit 2012、PISA Fin Lit 2015	国家战略主管部门进行研究
南非	已制定，并正在修订（2001，2013）	全国金融素养调查（2011，OECD/INFE 调查）	全国消费者金融教育委员会已经在财政部成立
土耳其	高级设计阶段	全国金融素养调查（2012，世界银行调查；2013，OECD/INFE 调查）	由起草国家战略的委员会确定利益相关者
英国	已制定，并正在修订（2003，2006，2013）	全国金融素养调查（2010，OECD/INFE 调查，2013 年）；PISA Fin Lit 2015（英格兰）	在 MAS④网站上征集证据
美国	已制定，并正在修订（2006，2011，2013）	非营利组织对全国和学生进行摸底调查（FINRA 2009，2012）；PISA Fin Lit 2012，PISA Fin Lit 2015	向金融素养委员会成员、消费者、行业、非营利组织和其他利益相关者"呼吁采取行动"

注：①本表所列国家为除德国、沙特和欧盟外的 G20 成员国，以及荷兰、新加坡和西班牙。

②OECD Programme for International Student Assessment financial literacy exercise 的缩写。

③加拿大金融消费者署的缩写。

④理财咨询服务局，英国领导全国金融教育的机构，是英国政府成立的独立机构。

资料来源：Russia's G20 Presidency，OECD. Advancing National Strategies for Financial Education，2013.

二、金融科普国家战略发展的国际格局

截至目前，对金融科普做出积极响应的国家已经超过 60 个，可以把它们大致划分为四个层次：第一层次是已经实施了第一个国家金融科普战略，并且开始实施第二个国家战略或正在制定第二个国家战略的国家，其数量在 2015 年时已经达到 11 个；第二层次是正在实施第一个国家战略的国家，有 22 个；第三层次是正在积极设计战略但尚未完成的国家，有 24 个；第四层次是对制定金融科普国家战略持积极态度且正在筹备制定的国家，有 6 个。可

以预计，随着金融科普作用与价值的不断显现，会有更多国家加入积极推进
金融科普的行列中。在世界主要经济体中，我国的金融科普工作大致处于第
三层次，主要表现在还没有制定国家战略，也没有建立起由专门机构领导与
负责的统一金融科普体系。而起步较早的国家不仅制定了金融科普的国家战
略而且建立起相应的负责和领导机构。

　　从各个层次的分布看，金融科普的国际格局表现出一定的地缘政治或
经济梯度特征。第一层次以美、英、日等发达国家为主，也有马来西亚、
斯洛伐克等新兴市场国家，但是没有任何一个非市场化国家或低收入国家；
第二、三层次以新兴市场化经济体为主，少数发达国家也包含其中（如加
拿大、法国等），很多国家已经制定并正在实施金融科普国家战略，但仍需
深化和细化研究；第四层次以发展相对滞后的国家为主。各层次所包含的
国家如表6-2所示。

表6-2　全球金融科普国家战略的分布结构

发展 层次	国家战 略进程	国家 数量	具体国家
第一 层次	正在制定或 实施第二个 战略	11	澳大利亚、捷克共和国、日本、马来西亚、荷兰、新西兰、新加坡、斯洛伐克共和国、西班牙、英国、美国
第二 层次	正在实施第 一个战略	22	亚美尼亚、比利时、巴西、加拿大、克罗地亚、丹麦、爱沙尼亚、加纳、印度、印度尼西亚、爱尔兰、以色列、韩国、拉脱维亚、摩洛哥、尼日利亚、葡萄牙、俄罗斯联邦、斯洛文尼亚、南非、瑞典、土耳其
第三 层次	正在积极设 计战略	24	阿根廷、智利、中国、哥伦比亚、哥斯达黎加、萨尔瓦多、法国、危地马拉、肯尼亚、吉尔吉斯斯坦、黎巴嫩、马拉维、墨西哥、巴基斯坦、巴拉圭、秘鲁、波兰、沙特阿拉伯、塞尔维亚、坦桑尼亚、泰国、乌干达、乌拉圭、赞比亚
第四 层次	正在计划制 定战略	6	奥地利、北马其顿共和国、菲律宾、罗马尼亚、乌克兰、津巴布韦

资料来源：OECD. National Strategies for Financial Education：OECD/INFE Policy Handbook，2015.

第二节　各国对金融科普的目标定位

目标定位是国家层面上金融科普模式必须考虑的问题，它对整个金融科普模式的形式和内容都具有直接的指引作用，是金融科普模式的纲领和指南。我们发现，尽管国际上已经对金融科普的意义达成基本共识，并认为金融科普对促进金融发展、金融稳定和金融改革均具有重要作用，但各国在各自的金融科普定位上既表现出明显的共性也存在一定的差异，辨析这些共性和差异及其成因可以为正确认识金融科普定位的依据以及金融科普模式的选择提供有价值的意见。为此，我们基于 OECD 的报告，对各国在金融科普定位上的共性和差异做出分析。

一、共性目标

目前在金融科普定位上各国的共性目标主要有三个。一是对民众需求和相关政策的回应，这是最普遍的金融科普目标定位，源于金融对于民众生活和经济增长不断加深的影响，其基本出发点是使公众可以依靠自身的金融素质适应日益复杂并迅速发展的金融服务，确保更好地利用资源，此外应对2008 年全球金融危机的负面影响也是一个普遍考虑。二是解决具体的政策优先事项，如信贷、债务、养老金和储蓄问题。这一目标定位不及第一个目标普遍，主要源于很多国家面临信贷敞口过大、消费率过高、债务和储蓄比例过高以及养老金等现实问题，比较典型的国家有南非、西班牙、加拿大、巴西、荷兰等。三是补充金融包容性政策，这一目标定位源于"普惠金融"概念的提出，旨在促进公民的金融福利提高。一些国家由于之前的金融包容性政策只考虑了供给侧（如增加服务网点和产品范围等），不能保证公众对金融服务的有效利用，弱化了普惠金融政策，因此把金融科普作为需求侧政策加以运用，借以提高普惠金融的效果，如印度、印度尼西亚和墨西哥等国家。

二、差异化目标

（一）对于防止金融欺诈的考虑

一些国家在提交给 OECD 的国家战略说明材料中明确提到，他们认为金融教育对于防止金融欺诈具有重要意义。例如，阿根廷指出，"金融教育对于帮助消费者预算和管理收入、有效储蓄和投资以及避免成为欺诈行为的受害者一直很重要。"巴西认为，金融知识匮乏使公众很容易落入金融骗局。加拿大把免受欺诈作为金融科普的一个重要目标。意大利的报告中明确表示，金融科普有助于增强公众识别欺诈的能力。日本把提高公民防范欺诈的意识作为金融科普的一个重要功能，并要求金融服务管理局或其他自律组织设立专门网站披露金融活动发起机构的注册情况，以便公众能够及时获得相关信息用于判断将要参与的金融活动是否可信。墨西哥把"了解与金融服务相关的风险和成本、区分正规金融服务和欺诈骗局"作为其金融科普的重要目标。俄罗斯认为，"俄罗斯人对金融教育的需求很高——他们感兴趣的是学习在与金融机构打交道时如何保护自己，以及如何识别和避免金融欺诈计划。"沙特阿拉伯认为，金融科普有助于保护公民免受意外事件、欺诈和骗局（如庞氏骗局）的伤害，在其计划推出的消费者保障网站，要求定期更新有关欺诈和诈骗的资料。南非认为，金融知识可以为避免欺诈和欺诈计划奠定积极的行动基础。西班牙指出，金融科普之所以重要的一个前提就是它可以防止欺诈。英国认为，技术的发展使欺诈的手段更为多样，因此金融科普应该对此做出应对，并在新的金融科普国家战略中加以贯彻。

（二）作为消除贫困的一项举措

巴西、法国和印度都明确表示把金融科普作为消除贫困的一项重要措施。巴西对于金融科普在反贫困中的作用的理解是从妇女的角色出发的，他们用统计调查数据指出，妇女在家庭金融决策中具有重要作用，2010 年，该国靠救济生活的人口中妇女占很高的比例，他们认为妇女对于后代的成长起着关键作用，而由于贫困妇女受教育程度低，加剧了她们收入的不稳定，更需要金融知识来对抗这种不稳定，为此，巴西成立了专门的工作组，为贫困人口提供金融和养老金方面的建议。法国于 2013 年 1 月 21 日通过了一项消除贫困和促进社会包容的多年计划，其中特别强调，"有必要在全国范围内促进金融教育和对银行工具的了解，以便为每个人提供尽可能充分利用银行账户、支付手段和信贷所需的最低限度的信息"。

（三）加强公民意识、减少不平等、促进竞争、提高金融体系的效率和稳健性

这里所谓公民意识是指个人对自身作为一个公民所应该享受的权利和承担的义务的认识。公民意识对于公众维护自身权益、尊重他人权益，以及促进社会平等都十分重要。例如，阿根廷认为金融科普在传播金融知识的同时对于增强公民的权利意识和平等意识具有重要意义。巴西认为，金融科普为消费者做出明智决定提供了条件，对金融体系的效率和健全、减少社会不平等和加强公民意识有重大贡献，并提出"负责任的消费"（Responsible consumption）概念，意思是公众应该对自己的消费行为有充分的意识，并使之具有可持续性。意大利认为，金融科普能够补充政府在监督公平竞争上存在的漏洞。南非认为，金融科普有助于减少信息不对称，增加市场透明度、竞争和效率。沙特阿拉伯认为，金融科普通过增加个人的金融素养而改善他们的财务状况，个人财务状况的改善有助于国民经济的效率和繁荣。欧盟委员会认为，金融科普有助于促进金融市场的效率和稳健性。

（四）为金融改革铺路

一些国家为了争取民众对金融改革的支持，也希望金融科普能发挥作用。例如，法国表示，为了有效和持久地实施金融改革，这些改革必须被公众接受，最重要的是要被公众理解。荷兰、意大利等国家则由于养老金制度的改革而希望公众能够理解并作出适当的准备。

（五）革新储蓄文化、增进金融文化

一些国家由于居民储蓄倾向过低，他们希望金融科普能够帮助居民形成适度增加储蓄的意识，以提高投资水平和解决退休养老等一系列问题。例如，墨西哥认为，金融科普可以培养一种新的储蓄文化，以提高生产性投资，让更多墨西哥人实现他们的梦想和愿望。巴西明确提出，在金融科普中要注意培养居民为退休而储蓄的意识。意大利中央银行明确表示，其金融科普栏目的目标之一是为增进储户和客户的金融文化服务。俄罗斯专门建立了金融文化网站，作为金融科普的新尝试。沙特阿拉伯则强调必须把本地文化与金融

实践结合起来。西班牙在金融科普中特别强调保险文化，并设立了专门普及保险文化的网站。土耳其在其金融科普国家战略路线图中明确把在人口中"培育储蓄、投资和保险文化"作为目标。

以上关于金融科普国家战略目标定位的分析表明，除了落实公众对金融知识的需求、保护公民的金融权益以及推进普惠金融外，各国都会根据自身的基本情况，提出切合本国需求的金融科普目标。也就是说，金融科普目标定位既有其一般性的基本价值取向，也有充分的灵活性，以满足各国的特殊性要求。

第三节　金融科普模式发展的国际主导趋势

一、加强领导、协调体制和组织机构建设

与早期的金融科普大为不同，如今各国正在朝着"组织化""系统化""专业化""常规化"方向推进金融科普模式。随着国家科普战略的陆续制定和实施，各国分散的金融科普活动依然会蓬勃发展，越来越成为国家金融科普战略的一个组分。实际上，在国家科普战略规划中，原有的各种金融科普力量以及未来可能会新生的科普力量都被作为重要资源加以考虑。一个有意思的现象是，在金融科普的行动中，一向以自由主义为代表的很多国家（如美国、英国等），都纷纷成立了专门的领导机构，而没有放任市场力量自发调节。另外，金融科普机构越发成为一个专门的常设机构，而不再是临时的组合，与此同时其专业化程度不断加强。可以预见，系统性全局性金融科普体制的设计与建立，使金融科普成为由专门机构负责和领导，实体机构和组织执行和运营，公众易于参与互动的健全体系。随着时间的推移，将会有越来越多的国家加强金融科普的领导、协调和组织，金融科普的组织架构会越发精致而富于活力和影响力。各国金融科普体制的基本架构如表6-3所示。

表6-3　金融科普战略较成熟国家的金融科普基本架构

国别	组织架构
澳大利亚	**领导机构**：澳大利亚证券投资委员会（ASIC） **职责**：法定目标之一是"确保投资者和金融消费者有信心和知情"。自2008年以来，ASIC一直受政府委托，全面负责澳大利亚的金融知识普及工作 **咨询机构**：ASIC由澳大利亚金融素质委员会支持。澳大利亚金融素质委员会是一个非法定机构，它向政府和ASIC提供关于金融知识问题的战略建议（在实施该战略之前提出） **成员**：来自商业、教育和社区部门的受人尊敬的领导人，他们自愿提供服务和专业知识
巴西	**发展机构（负责设计）**：由金融、资本、保险、养老基金、资本市场管理和监督委员会负责，下设一个专门的工作组 **成员**：巴西中央银行、巴西证券交易委员会、巴西国家养老基金监管局、巴西私人保险监管局 **领导机构和协调机构（负责执行情况的督察）**：全国金融教育委员会 **成员**：中央银行副行长、巴西证券交易委员会主席、巴西国家养老基金监管局总监、巴西私人保险监管局局长、教育部执行秘书、财政部执行秘书、社会保障部执行秘书、司法部执行秘书、民间社会四名代表 **职责**：确定计划、方案、行动，并协调国家金融战略的执行 **下设委员会**：教育支持小组、监测和财政委员会、常设委员会 **执行机构**：国家金融教育委员会、巴西金融教育协会 **成员**：代表银行业、保险业和资本市场机构的协会，以及巴西证券交易所和巴西证券期货交易所 **职责**：作为国家金融教育委员会的伙伴，负责构思、规划、构建、制定、实施和管理国家战略举措
加拿大	**领导机关和领导**：金融扫盲领导（国家任命）、由外部利益相关者咨询委员会提供建议 **成员**：来自从事金融教育的部门 **职责**：就实施计划向领导者提出建议，其成员将在其所代表的部门内充当先行者，确保采取协调一致的办法，并与广泛的目标保持一致
印度	**协调和领导机构**：金融稳定与发展理事会（FSDC）由印度政府财政部长担任主席，所有金融部门监管机构负责人为成员。FSDC金融包容和金融素养技术小组由印度储备银行副行长领导，成员包括来自所有金融部门监管当局和印度政府财政部的代表。该小组负责协调金融部门监管机构在金融教育领域的工作 **执行机构**：国家金融教育中心，一个由所有金融部门监管机构参与并提供资源的专门机构，向金融服务发展委员会技术小组报告。已经成立了一个核心委员会，以便与所有利益攸关方进行有重点的定期互动，更快地执行国家战略

续表

国别	组织架构
印度尼西亚	印度尼西亚中央银行、金融市场管理局、教育和文化部以及人力和移民部之间协调
日本	**领导和协调机构**：金融服务管理局和日本银行（通过中央金融服务信息委员会，CCFSI） **CCFSI 成员**：金融和经济组织、媒体、消费者团体等的代表、专家和日本央行副行长及相关机构的总干事，以及担任顾问的日本银行执行董事（CCFSI 秘书处：日本银行公共关系部）
韩国	**领导机关**：金融服务委员会 **协调机构**：财经教育局 **成员**：金融服务委员会副主席，公共组织（金融监管服务、韩国存款保险公司、信贷咨询和恢复服务）、7 个金融部门团体（韩国银行联合会、韩国金融投资协会、韩国一般保险协会、韩国人寿保险协会、韩国信贷金融协会、韩国储蓄银行联合会、韩国国家信用联盟联合会）、私人组织（韩国投资者教育委员会、财商委员会、韩国投资者保护基金会） **主要职责**：非常设机构，负责协调所有参与金融教育的机构，协调可行金融教育的基本政策方向，研究各机构如何提供金融教育，并继续升级金融教育激活计划。它还审查了韩国金融教育的现状，并提出了如何通过制定国家金融教育所需的指导方针来建设基础设施的政策
墨西哥	**领导机关**：财政和公共信贷部 **协调机构**：金融教育委员会 **成员**：由财政部主持，由金融主管部门、开发银行、金融公共机构、其他公共实体以及私营和社会部门机构组成 **职责**：协调公立和私立机构的金融教育工作 **下设委员会**：测量与评估、金融教育地图绘制、金融包容教育
荷兰	**领导机关**：财政部 **协调机构**：理财平台 **成员**：荷兰女王 H. M. Maxima 作为名誉主席 **下设委员会**：方案委员会 **成员**：社会事务部、教育部、金融市场管理局、金融顾问协会、养老金联合会、蒂尔堡大学、消费者联盟（促进消费者保护的非营利组织）、教育文化和科学部 **职责**：向指导小组提供战略建议 **指导小组成员**：由财政部部长担任主席，成员包括银行业协会、保险业协会、中央银行、国家家庭金融信息研究所 **职责**：领导国家战略 **方案办公室**：它是财政部（金融市场司）的一部分，负责执行临时组建的国家战略专家组

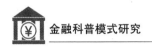

续表

国别	组织架构
俄罗斯	**领导机关**：财政部 **监督和协调机构**：机构间项目委员会 **成员**：由财政部设立，财政部副部长任主席。成员还包括中央银行、教育部、经济发展部、消费者保护局 **职责**：监督整个项目的实施，并对具体项目活动的实施进行战略监督。财政部的一个工作组提供业务管理支持。国际专家委员会向审咨委提供专门知识和支持
新加坡	**领导机关**：金融教育指导委员会 **成员**：新加坡金融管理局局长担任主席，其他成员包括教育部、卫生部、人力部、社会和家庭发展部、中央公积金委员会、国家图书馆委员会、人民协会 **职责**：领导国家金融教育计划
西班牙	**领导机关**：西班牙银行、国家资本市场委员会、经济和竞争力部 **协调机构**：工作组 **成员**：西班牙银行、国家资本市场委员会、经济和竞争力部（通过保险和养老基金总局以及财政和金融政策秘书长）
南非	**领导执行机构**：国家财政部 **协调机构**：全国消费者金融教育委员会 **成员**：所有监管机构（国家信贷监管机构、南非储备银行、金融服务委员会、国家消费者委员会）、政府部门（贸易和工业、国家财政部、教育部、省消费者事务办公室论坛）、消费者代表、监察员办公室、行业机构和协会 **主要职责**：由国家财政部召集，协调金融教育工作，共同制定国家政策和国家战略
土耳其	**领导机关**：资本市场理事会 **职责**：协调实施 **协调机构**：金融稳定委员会 **成员**：主管经济和金融事务的副总理任主席，成员有财政部副部长、土耳其中央银行行长、银行监管局主席、土耳其资本市场理事会主席、储蓄存款保险基金主席 **职责**：监督在土耳其资本市场理事会协调下实施的金融教育战略和银行监管机构实施的金融消费者保护战略
英国	**领导机关**：理财咨询服务局 **职责**：提高国家财政能力，提供一般性、公正的财政建议

续表

国别	组织架构
美国	**协调机构**：金融扫盲和教育委员会 **成员**：财政部长任主席，消费者金融保护局局长任副主席。成员有白宫、财政部、教育部、农业部、卫生和公共服务部、住房和城市发展部、劳工部、国防部、消费者金融保护局、联邦储备系统、证券交易委员会、商品期货交易委员会、联邦贸易委员会、货币监理署、联邦存款保险公司、国家信用联盟管理局、退伍军人事务部理事会、总务管理局、小企业管理局、社会保障局、人事管理办公室、联邦应急管理局 **职责**：制定国家战略，协调委员会成员机构之间的资源和活动 **下设委员会**：儿童和青年委员会、中学后教育委员会、退休早期职业/规划委员会、研究和评价下设委员会

资料来源：Russia's G20 Presidency, OECD. Advancing National Strategies for Financial Education, 2013.

二、大力加强专门网站建设，发挥金融科普在防范金融骗局上的作用

很多国家已经注意到了金融科普对于防范金融骗局的价值。例如，澳大利亚在其金融科普国家战略中指出，金融知识不仅是增加对货币问题和金融产品的了解，更重要的是帮助和促使人们采取行动，实现更大的金融福祉，最终目标是改变行为，它必须超越教育和信息提供。因此，澳大利亚证券投资委员会的工作包括发布有关金融产品和服务广告的指导意见，以及对误导性或欺骗性广告的主动监测，该委员会也开始讨论某些产品是否适合散户投资者，以及特定的复杂产品是否适合自由销售给所有人。同样，美国在其金融科普国家战略中也很重视发挥金融科普对金融骗局的防范作用，时任美国总统巴拉克·奥巴马在该战略的前言中指出，必须努力确保所有美国人都有能力有效管理财政资源，免受欺骗或掠夺之害。

我国是金融诈骗频发的国家，近些年来平均每年的发案量过万起，高的年份仅刑事立案的金融诈骗活动就有万余起，因此如何发挥金融科普在帮助公众抵御金融骗局方面的作用意义重大。首先，应该加强对典型金融骗局防范的金融科普模式研究，包括庞氏骗局、贵金属交易骗局和原始股骗局等，分析模式设计中的关键环节和因素，向公众宣传识别骗局的方法，提供有效的帮助与服务等。其次，研究如何通过金融科普增强公众抵御金

融骗局的一般能力,如使公众能够提高对金融产品和概念的理解,并发展必要的技能,以加强他们的金融素养,通过信息指导和客观建议培养技能和信心,使他们更加了解金融风险和机遇,做出明智的选择,知道去哪里寻求帮助,并采取其他有效措施改善他们的经济状况。最后,概括归纳各种金融骗局的共同点和特殊性,研究防范金融骗局的广谱科普模式,通过不断对金融科普模式的完善,堵塞漏洞,减少盲区,充分实现金融科普防范金融骗局的功能。

从全球的实践看,加强网站建设能够充分发挥金融科普防范金融骗局的功能,这是因为网络服务不受时间、地点、天气等各种自然条件的限制,能够实现持续不断的信息支持和决策指导,因此通过网站公众可以随时获得帮助,有助于它们及时识破骗局,防止上当受骗。同时,网站可以提供各种投资、理财、融资方案和产品,扩大公众的金融渠道和视野,改善公众的金融处境,客观上也会减少金融骗局的吸引力。目前已有一些国家建立了专门的金融科普网站,这些网站的基本功能之一就是加强金融消费者的保护,内容安排也有相当多的金融防骗相关知识,这是目前国际金融科普发展的一个明显标志和趋势之一。各国网站建设情况如表6-4所示。

表6-4　全球金融教育国家战略实施网站建设情况

国别	网站建设情况
亚美尼亚	**网站**：Finances for all **网址**：www. abcfinance. am **特点**：该网站由亚美尼亚中央银行创建,提供与个人理财有关的全方位信息。内容按目标群体(儿童、学生、教师等)和主题(预算、投资、债务、金融体系、可用时刻的金融教育等)组织。该网站还包括 APRC 和 APY 计算器、预算工具以及"货比三家"比较工具,使消费者能够找到市场上最适合他们的金融产品,并做出明智的决定。该网站包含金融游戏,使其更具娱乐性和互动性
澳大利亚	**网站1**：National Financial Literacy Strategy **网址**：www. financialiteracy. gov. au **特点**：澳大利亚证券投资委员会的国家战略网站,指导和鼓励所有在提高金融素养方面发挥作用的人,包括政府、工商界、研究和教育、社区和非营利部门,为他们提供信息和资源

续表

国别	网站建设情况
澳大利亚	**战略和行动计划**：2014~2017 年战略和行动计划的细节，包括核心原则、战略优先事项、核心行动、关键指标和年度进展报告；以及 2011 年战略和 2013~2014 年审查和协商进程 **支持者**：根据战略积极开展活动的组织，包括与战略优先事项保持一致 **研究与评估**：从澳大利亚和世界各地挑选的金融素养研究与评估报告，包括澳新银行对澳大利亚成年人金融素养的调查和澳大利亚证券投资委员会的金融态度和行为跟踪 **实践社区**：鼓励讨论和分享相关研究和项目的国家论坛 **网站 2**：ASIC's MoneySmart **网址**：www.moneysmart.gov.au **特点**：ASIC 面向消费者和投资者的互动式金融教育网站，包含清晰的信息、有用的工具和独立的指导，帮助不同年龄、不同生活阶段和不同环境的人充分利用他们的资金。内容是按主题组织的，也为不同年龄、生活阶段、生活事件和目标受众量身定制。从一般到具体的细节分层，意味着人们可以快速地回答一个金钱问题，或者更深入地研究感兴趣的话题。它适用于具有不同金融知识水平的人——从第一次处理货币问题的人，到更有经验的金融消费者。该网站除了在线印刷出版物外，它还包括计算器、手机应用程序、测验、视频、信息图表和案例研究。网站用户可以成为网站的免费成员，使他们能够保存他们的在线计算器内容（如预算规划师，退休规划师）供日后访问。教学部分为中小学教师（包括专业发展活动、与国家课程相一致的课堂工作单元和数字活动）和家长、社区教育工作者、高等职业教育和培训途径以及工作场所提供资源
巴西	**网站 1**：Vida & Dinheiro **网址**：www.vidaedinheiro.gov.br **特点**：Vida & Dinheiro 提供了有关国家战略及其主要横向计划以及一般金融教育的信息。它还提供了许多工具，可以帮助公民解决储蓄、保险、消费者保护、金融规划等问题，以及全国金融教育委员会及其小组发布的所有法律文件。该网站由巴西财政协会维护 **网站 2**：Semana ENEF（ENEF Week） **网址**：www.semanaenef.gov.br **特点**：该网站专门为全国金融教育周服务，旨在促进国家战略和国家委员成员开展年度活动。它提供有关活动周的一般信息、日程安排（为城市和机构设置过滤器）、活动注册链接和新闻信息 **网站 3**：Programa Educaçço Financeira nas Escolas **网址**：www.educfinanceiranaescola.gov.br **特点**：开放式虚拟平台，展示为高中金融教育课程准备的材料，并提供所有内容供免费下载

国别	网站建设情况
加拿大	**网站**：加拿大金融消费者署 **网址**：www.fcac.gc.ca **特点**：该网站以英文和法文提供全面的金融知识信息，面向加拿大金融消费者、商人和受《反海外腐败法》监管的金融机构。该网站提供免费、客观、互动和吸引人的资源，如选择工具、计算器、视频、生活事件和教育方案。加拿大金融知识数据库就在这个网站上。这是一家一站式商店，重点介绍全国公共、私营和非营利组织提供的资源，帮助人们提高金融知识和技能
爱沙尼亚	**网址**：www.simaha.ee **特点**：该网站包含有关不同金融服务和产品（保险、储蓄和投资）的信息、各种计算器，以及以生活事件、投诉和补救机制（如何面对经济困难、如何投诉、学生有用信息等）为中心的信息。网站使用爱沙尼亚语和俄语两种语言
拉脱维亚	**网站 1**：The Client School **网址**：www.klientuskola.lv **特点**：关于最常用金融服务和相关风险、测试的教育材料，以及来自研究和国家计量调查的证据。2015 年增加了一个新的部分"客户 ABC"：其中包括 70 多个不同金融知识主题的教育材料，以及针对不同知识水平（A、B 和 C）的测试。从 2012 年起，俄罗斯也可以从该网站获得基本材料。网站还解释了拉脱维亚金融部门的主要监管原则、存款担保计划、消费者保护措施和监管机构的权限。截至 2014 年，该网站还包括金融素养指数和拉脱维亚家庭调查中的指标汇总 **网站 2**：The Money School **网址**：www.naudasskola.lv **特点**：教育网站，提供金融相关知识，特别是针对宏观经济的问题。它还设有一个"教师工作室"，为每个年级的学生提供有关新课程、进修研讨会和教育活动的信息
荷兰	**网址**：www.wijzeringeldzaken.nl **特点**：消费者网站，提供易于理解的信息、工具、计算器、清单、提示等，旨在促进负责任的金融行为；以主题为中心（主要是生活事件，如生孩子、换工作、结婚、退休等）。每年超过 200 万访问者（2015 年）
新西兰	**网站 1**：Sorted **网址**：www.sorted.org.nz **特点**：该网站由财务能力委员会创建，包括以下三个关键步骤的信息："提前考虑–为你的钱做个计划""缩减你的债务–尽快摆脱高息债务""增加你的储蓄–定期储蓄以达到你的目标"。该网站还包括计算器和预算工具，寻找最合适的 KiwiSaver 基金（退休自愿长期储蓄计划或为第一套住房建立存款）的比较工具，以及"分类学校"部分 **网站 2**：www.cffc.org.nz/what-we-do/financial-capability/national-strategy/ **特点**：由对国家战略及其愿景和活动流的描述组成，并与学校、成人学习环境和工作场所的教育方案相关联

国别	网站建设情况
葡萄牙	**网站**：Todos Contam **网址**：www.todoscontam. pt **特点**：该网站是葡萄牙国家金融教育计划所有利益攸关方金融教育倡议的中心，它提供金融教育工具，包括规划个人预算、建立储蓄和投资以及进入不同信贷和保险产品的有用提示和计算器。它还为不同阶段的生活提供了提示。有三个图书馆提供免费的金融教育材料：面向公众的图书馆、面向学生的初级图书馆（提供出版物、游戏、视频等）和面向培训员的图书馆（提供教案和其他教学资料）
西班牙	**网址**：www.finanzasparatodos. es **特点**：网站的目的是通过覆盖大多数人一生中可能面临的一系列财务决策，向公民提供帮助信息。它提供了各种有用的工具来帮助管理个人财务，允许用户编制个性化预算、计算贷款、估计合理的负债水平等。同时，"学校金融教育"方案在该网站内设立了一个限制区，目的是向参加方案的中小学生和教师提供游戏、讲习班、工具和互动资源。此外，在网站内为教师设立"私人区域"，其中包括教授金融教育的教学资源、指导方针和建议，相关的课程、游戏、研讨会等，教师可以交流他们的资料或讨论他们在金融教育教学中的经验
美国	**网站**：MyMoney **网址**：www.mymoney. gov **特点**：这是金融扫盲和教育委员会建立的网站，是个"一站式商店"型网站，供美国人在整个联邦政府掌控的范围内找到金融教育信息和资源。该网站包括面向青年、教育工作者和研究人员的信息，还有来自20多个政府机构的文章、计算器、工作表、清单和其他信息。该网站围绕着MyMoney的五个组成部分建立，用于管理和促使财富增长：收入、支出、储蓄和投资、借贷、保护。它包括互动的五个测试栏目和FLEC研究和数据交换所

资料来源：OECD. National Strategies for Financial Education：OECD/INFE Policy Handbook，2015.

三、金融科普模式发展的法律政策环境将不断深化、细化

各国开展金融科普的法律基础存在巨大差异，在实施金融科普战略的过程中采用了不同的政策法律途径。一些国家有明确的法律规定，赋予金融科普一定的法律地位，这样金融科普相关工作的组织和实施就比较容易。有些国家则没有明确的法律条文对金融科普做出说明，这时开展金融科普就需要政府颁布相应的政策和授权，与有法律依据的国家相比会比较困难。一个基本的趋势是，各国都在积极探索为金融科普提供更为坚实、明确、具体的法律依据，不断完善金融科普模式发展的法律政策环境。各国金融科普法律政

策环境如表6-5所示。

截至目前，即使已经有相关立法的国家，其金融科普的法律政策环境也依然不够成熟，改进的余地很大。相反，那些没有立法而采用政策指导的国家也有可借鉴之处。由于这一原因，各国的法律政策实践值得认真比较研究和相互借鉴，从而总结出系统性的、普遍性的规律，为今后各国的实践提供参考和指导。

对于中国来说，在借鉴国际经验的同时应该结合我国国情，提出更合理的方案。这一过程正在进行当中。

表6-5 各国金融科普的政策法律基础比较

政策法律基础类型	释义	经济体和机构
由第一级立法确立	由议会、立法机关等设立的法案，在具体的政策或改革背景下，赋予相关机构明确的金融教育授权	捷克共和国–教育部 墨西哥–金融教育委员会（金融监管法） 美国–金融普及和教育委员会（2003年《公平和精准信贷交易法》）
由第二级立法确立	金融市场监管、政府法令、国家发展计划等	巴西–国家金融教育委员会（总统令） 俄罗斯–财政部 西班牙–经济部（皇家法令）
在机构创始法案或其修订案中申明	有"金融教育/授权""金融素养/能力"等表述	澳大利亚–澳大利亚证券投资委员会 加拿大–加拿大金融消费者署 爱沙尼亚–金融服务局 印度尼西亚–金融服务局 日本–金融服务机构和中央金融服务信息委员会 南非–金融服务委员会 土耳其–资本市场委员会 英国–货币咨询服务

续表

政策法律 基础类型	释义	经济体和机构
包含于其他责任中	向消费者提供信息、确保金融市场的平稳运行、金融消费者保护等	亚美尼亚–中央银行 拉脱维亚–金融和资本市场委员会 黎巴嫩–巴西勒·富莱汉金融学院 印度尼西亚–印度尼西亚银行 马来西亚–中央银行（马来西亚国家银行） 新西兰–财政能力委员会（源于《退休金和退休收入法》） 秘鲁–银行、保险和私人养老基金监管局 葡萄牙–中央银行（葡萄牙银行）、葡萄牙证券市场委员会和葡萄牙保险和养老基金监管局 西班牙–证券市场管理局和中央银行 泰国–泰国银行

资料来源：OECD. National Strategies for Financial Education：OECD/INFE Policy Handbook，2015.

四、对金融科普模式的评价越发受到重视

对金融科普模式进行监测和评价正在成为一种普遍的做法。很多国家把方案评估作为金融科普路线图和行动计划的一个重要组成部分。各国对金融科普效果的评价主要体现在方案层次，基本做法是利用评价证据确定方案是否有效，确保资源得到充分利用，并确定需要改进的领域和可复制的做法。客观地说，评价证据对国家战略的执行很有价值，因为它可以用来为今后的筹资决定提供信息，并在不同方案之间分配资源，决策者和负责执行国家战略的当局也可以利用评价的结果，为修订战略的总体优先事项及其主要执行工具提供信息。但是这一工作还只是刚刚起步，不仅缺乏有效的数据积累，而且很多基本问题还没有引起足够重视。各国已经开展的工作主要是通过世界银行、OECD 信托基金的工作，鼓励分享证据，特别是通过 OECD 金融教育国际网（INFE）提供的平台和目前正在开发的全球评估金融教育方案数据库，支持这一领域的公共当局和方案制定者对其金融科普模式做出评价和改进。截至目前，国际方面对提高金融科普模式质量和效果的基本思路大致如下：

（1）把评估作为每个金融教育计划的重要组成部分；

（2）为如何制定评估预算和如何降低成本提供指导；

（3）发挥外部评价者的作用，增加可信度、技能和独立性；

（4）根据项目的目标、规模和长度、目标受众和实施方式，进行适当的评估设计；

（5）寻找推断方案干预与观察到的变化之间因果关系的最佳方法，准确测算科普效果；

（6）及时报告数据，包括负面调查结果，以便为今后的方案设计提供信息。

显然，上述思路只是很笼统的原则，需要各国在实践中不断细化和完善。但可以预见，随着各国以及国际社会对评价问题的关注，评价的科学性会不断提高，对于修正和完善金融科普模式起到应有的作用，而且评价本身也会成为科普模式的构成要素。

参考文献

［1］Atkinson A，F Messy. Promoting Financial Inclusion through Financial Education：OECD/INFE Evidence，Policies and Practice ［J］. OECD Working Papers on Finance，Insurance and Private Pensions，2013（34）.

［2］OECD. National Strategies for Financial Education：OECD/INFE Policy Handbook，2015.

［3］Russia's G20 Presidency，OECD. Advancing National Strategies for Financial Education，2013.

［4］García N，A Grifoni，J López，D Mejía. Financial Education in Latin America and the Caribbean：Rationale，Overview and Way Forward ［J］. OECD Working Papers on Finance，Insurance and Private Pensions，2013（34）.

［5］Messy F，C Monticone. The Status of Financial Education in Africa ［J］. OECD Working Papers on Finance，Insurance and Private Pensions，2012（25）.

［6］Grifoni A，F Messy. Current Status of National Strategies for Financial Education：A Comparative Analysis and Relevant Practices ［J］. OECD Working Papers on Finance，Insurance and Private Pensions，2012（16）.

［7］World Bank. Toolkit for the Evaluation of Financial Capability Programs in Low-and

Middle-income Countries-Summary, 2013a. http://www.finlitedu.org/team-downloads/evaluation/toolkit-for-the-evaluation-of-financial-capabi lity-programs-in-low-and-middle-income-countries-summary.pdf.

[8]　World Bank, Measuring Financial Capability: a New Instrument and Results from Low-and Middle-Income Countries, 2013b. http://www.finlitedu.org/ team-downloads/measurement/measuring-financial-capability-a-new-instrument -and-results-from-low-and-middle-income-countries-summary.pdf.

第七章

———— ∽ ————

促进金融科普模式发展的政策建议

本章在前述各章研究的基础上，首先对我国金融科普模式存在的主要问题做出总结，并进行适当的分析，而后基于国际经验和相关理论，结合我国的实际情况，提出改进我国金融科普模式的基本思路。

第一节　我国金融科普模式存在的主要问题

一、关于金融科普的研究十分薄弱

尽管金融科普已经得到国际社会的高度重视，并且在 2013 年已经纳入 G20 峰会的议事议程，更有 30 多个国家制定并实施了金融科普国家战略，但是我国直到目前不仅没有完成金融科普国家战略的设计，而且没有建立起统一的金融科普实施体系，甚至没有引起足够的重视。其根本原因是我国对金融科普的研究不够，没有认识到金融科普的巨大意义和价值。

（一）"头痛医头，脚痛医脚"式的研究不能全面揭示金融科普的真正价值，难以产生政策效果

国内对于金融科普的研究，主要侧重金融科普活动中存在的问题，多停留于简单的就事论事或对比研究层次，没有对金融科普的重大意义进行系统性论证，更没有进行实实在在的大规模调查研究，因此，直到目前还缺乏可靠的数据对金融科普进行整体的科学评估。有研究者指出，中国金融科普存在教育环境优化不足、金融科普过程中先进技术使用不足等问题，并提出了加强顶层设计、定期修订教材读本、完善师资保障和评估反馈机制的相关建议，但是没有从总体上阐明金融科普的意义所在，难以引起有关方面的注意。也有研究者指出，目前中国的金融普及存在宣传内容与消费者实际需求脱节、宣传形式与需求脱节、宣传效果与需求脱节等问题，但是由于没有澄清金融科普本身的价值重要性，也没有得到关注。还有研究者对国外金融科普特点进行了研究，总结了英美等国家金融科普的特点和经验，指出一些国家已经将金融宣传教育纳入国家战略中，建立了较完备的金融宣传教育体系，金融宣传教育内容丰富、金融科普形式多样，广泛应用网络通信等现代传媒工具，通过专门的金融教育网站向社会公众提供丰富的信息，对比分析指出，中国金融普及教育缺乏统筹协调机制、缺乏长效性、差异化不强，且未建立评价反馈机制，据此建议我国应建立健全金融科普的工作机制，提高金融科普的针对性和有效性，甚至提出具体的金融科普方法，如编写《金融知识普及读本》、在热门网站及论坛首页位置进行主题宣传等。但是总体看，这些研究还是很不够的，主要是通过简单的现象分析推出自己的观点，缺乏必要的数据支撑，缺乏可信性，不足以形成对金融科普重要性的科学认识。

（二）没有把金融骗局与金融科普的重要意义结合起来研究，忽视了金融科普在防范金融骗局促进金融稳定方面的重要作用

关于金融骗局，研究者们主要进行了以下一些工作。

（1）分析了金融骗局的类型、成因和应对措施。认为金融骗局频发的成因在于骗术的隐蔽性和欺骗性、投资者的心理偏差、政府的监管缺失与打击不力。提出的应对措施是，投资者应树立理性的投资理念，监管者应将监管沙盒与穿透式监管相结合，执法者应完善监测预警机制，加快金融知识的普及。其中虽然提到了金融科普，但只是一个笼统观点，缺乏实际内容和可行措施支撑。

（2）通过具体的事件挖掘，分析受害者心理。这主要涉及对具体金融骗局的运行模式以及投资人的心理分析，如 MMM 互助金融骗局、P2P 金融骗局、旅游金融骗局等各种典型案例，得出的基本结论是加强监管、出台相关法律法规、加强投资者指导等。但只是提出这样一种观点，并没有给出可行的方案，也没有从金融科普的角度提出针对性措施。

（3）对金融骗局的危害性进行了分析。认为金融骗局会危及政府公信力，破坏资本市场稳定，对实体经济造成打击。应该说，这些观点对加深金融骗局危害性的认识是很有价值的，但是大多寄望于通过政府加强管制来抑制金融骗局，对金融科普在防范金融骗局方面的重要作用则明显重视不够。

（三）没有得到学术界的充分重视

金融科普在金融相关研究领域中处于边缘位置，不仅研究者少，而且成果不易发表。据统计，截至 2019 年年底，以"金融科普"作为主题词搜索"中国知网"的全部文献库，只有 9 条结果，而且大部分是关于金融活动的报道，只有两篇属于研究性文章，而且都是会议论文。甚至一些专门的金融研究机构根本就没有意识到金融科普问题。这与国际上日益重视和加强金融科普的趋势形成了强烈反差。

综上所述，关于金融科普的研究主要分散在针对具体事件或现象的分析上，关于金融科普的模式研究，尤其是站在一定理论高度的系统研究尚未见到，大量实践中迫切需要回答的问题没有得到很好地回答，比如金融科普的具体模式有哪些，其效果如何，金融科普模式的发展趋势如何，怎样评价和提高金融科普模式的效率，如何从政策层面优化金融科普的环境，等等。因此，未来应该加强对金融科普研究的规范性、理论性和实用性，回应金融科普工作的现实需求，对金融科普的模式进行系统性、创新性研究，以期对金融风险和金融骗局起到更好的警示和防范作用。

二、金融科普体制建设滞后

（一）没有完成国家金融科普战略的制定

早在 2013 年已经有 26 个国家制定并实施了金融科普国家战略，到 2015 年，这个数量已经达到 34 个。而我国直到目前还没有完成国家战略的制定，这使得我国的金融科普缺乏纲领性指导，造成目标不明确，不利于工作开展和责任落实。

（二）相关法律政策基础不够清晰

从已经制定并实施金融科普国家战略的国家和地区看，赋予金融科普及其领导和实施机构一定的法律地位是普遍的做法，这其中很多国家甚至是在第一级立法的层次明确了金融科普的法律地位，比如美国，其金融科普领导机构"金融扫盲和教育委员会"是根据《2003 年公平和精准信贷交易法案》

成立的，并且该委员会主席和副主席职位的确定分别由《2003 年公平和精准信贷交易法案》和《2010 年多德-弗兰克华尔街改革和消费者保护法案》规定。相比之下，我国现行的法律政策涉及金融科普的内容较少，难以为金融科普提供足够的法律支持。

（三）没有建立明确的领导机制

目前全球已有至少 10 个国家建立了金融科普的全国领导机构和组织架构，而且对其职能和责任范围做出了比较明确的规定。从发展趋势上看，建立责权明确、组织架构清晰、运行机制灵活的金融科普模式是基本方向。我国还没有成立专门机构负责金融普及教育工作，金融知识的普及活动由"一行两会"等相关部门分散开展。从管理学和组织行为学的角度看，这属于责任主体缺失，在这种情况下，参与者会存在明显的约束和激励不足以及本位主义心理，造成形式主义、逆向选择和道德风险盛行，而金融科普中那些切实的民意诉求和问题却被忽视甚至漠视。与此同时，由于没有统一领导和协调机构，绝大多数参与者限于各自职责范围内，相互间的信息沟通、任务协同、资源共享等需要及时合作调度的事项都存在运作障碍，造成资源浪费、效率低下、内容雷同、步调凌乱等一系列问题和现象。

（四）缺乏可靠的资金支持

在我国现行科普体制下，所需经费主要由政府拨款。从近年来科技部发布的历年全国科普经费统计数据看，国家财政拨款占全部经费的比例平均在 75% 以上，但是经费的总额较少，近三年的平均规模在 160 亿元左右，与我国的经济体量不太相配。而在这本来很有限的科普经费中，金融科普是不在其列的。实际工作中，金融科普经费主要来自开展相关活动的机构的办公、活动经费，属于各机构的公益性支出。由此一来，金融科普经费的稳定性受到很大的削弱，它取决于相关机构的热情，缺乏制度保障和约束，也没有足够的商业或经济激励。少量民营机构对金融科普怀有一定的热情，但受制于营利模式欠佳而发展迟缓。究其根源，是我国金融科普模式不到位所致。

三、内容缺失，且缺乏针对性和科学性

（一）金融科普内容同质化

目前我国已经开展的金融科普的内容和宣传形式较为死板，更多的只是

体现组织领导机构的意图，金融消费者的年龄、学历、偏好和区域等个人差异并未被考虑进普及活动中。金融知识普及教育同质化，缺乏针对性，宣传内容与公众真正需要了解的内容相脱节，公众与金融活动之间仍存在着明显缺口，金融科普无法实现预期效果。另外，金融科普宣传往往出现"重城市，轻农村"现象，农村地区宣传力度低、效果差，难以满足农村居民日益增长的金融知识需求，进一步加大了城乡居民金融知识失衡，农村人口更容易成为金融骗局的受害者。国际经验表明，金融科普内容的合理选择是提高金融科普质量和效果的根本点之一，金融科普的内容应该尽可能全面系统地覆盖知识点，又要注意主次区别、详略得当、受众差异，防止金融科普内容与公众需求脱节，以便高效地传播金融知识。

（二）信息碎片化现象严重

由于媒体传播内容的自由度随着科技的发展不断扩大，传播渠道也趋向多元化。微博、微信、抖音等社交媒体对个体注意力的分散汲取，最终稀释了人们对知识科普的注意力投入程度。社交媒体的用户不受时间、地点、写作格式限制进行内容生产与自主传播，各类信息、观念得以更便捷地广泛扩散，由此造成信息海量递增和轰炸，严重超出个体受众的注意力和承载力范围，进而影响到个体的信息驾驭能力、信息消化能力和理性判断能力。受众容易迷失在碎片化的信息中，使民众通过媒体手段获得科普知识的效果大打折扣。国际经验表明，如何保证金融科普的覆盖率以及达到一定的效果十分关键。目前我国采用的主导金融科普模式，是"一行两会"联合发起"金融知识普及月"活动，活动期间发动众多银行、证券、保险等各类金融机构和媒体、企业参与，普及包括金融政策法规在内的各种金融知识，应该说是有一定效果的，但是其覆盖率不够高，甚至有大量居民被遗漏的情况。例如，很多农村地区没有开展或没有能力开展类似的金融知识活动，即使是在城市，也有很多居民并未参与到金融知识普及活动中。这意味着需要探索更为有效的金融科普模式，进一步扩大金融科普的效果。

四、形式表面化，效果差

（一）重热闹，轻实效

目前金融普及教育内容的系统性和连贯性不强，实际工作中，有关机构只注重在"金融知识普及月"集中突击宣传，任务性目的明显，宣传过于表面化，难免走形式、走过场。因此，尽管多年来全国各地开展了很多金融科普活动，但是并没有对公众产生应有的效果。

（二）过于依赖非专业媒体传播模式

社交媒体的传播依赖用户参与式的互动传播（转发、评论和点赞等），大部分民众既是金融知识的接受者也是传播者。但由于社交网络自身自由交互的特点，传播科普信息的过程处于无秩序的状态，在缺乏专业人士把关的情况下，很容易被利益相关者引导和操控。部分金融机构发表的金融科普信息具有强烈的商业色彩和个性化表达，在科普信息中夹杂着相关虚假宣传信息或其他错误言论。由于民众对于相关知识的判断能力较差，加上人群中普遍存在的"宁可信其有不可信其无""不怕一万就怕万一"的心态，常常出现错误信息大量转发的情况，导致正确的金融知识不能有效传递，甚至适得其反。

五、与金融实质面存在明显脱节

（一）脱离公众的现实金融生境

在我国，金融机构与公众之间存在着明显的疏离，在一些业务的开展上没有向公众提供足够的开放度和透明度，造成公众对金融资源的了解和利用受到很大制约。这一方面要求金融科普必须针对公众实际所处的金融环境传播有实际价值的金融知识，另一方面要求金融科普机构对现实的金融状况有深刻的理解和把握，使所要传播的金融知识与现实相吻合。例如，由于信息不对称，普通居民、小微企业对可利用的金融渠道知之甚少，因此当他们需要资金或想使自己的财富增值时，往往不知道如何获得正规的金融渠道支持，而是过度依赖亲友帮忙，甚至去参与高利贷。然而，我国金融科普对于这些现实问题的考虑是很不够的，以至于所传播的知识在实际中没有多少实用性，这在一定程度上降低了金融普及活动的吸引力和支持度，也使得公众对于金融的理解停留在理论层面，难以参与相关的实践，损害了金融科普的实际价值。这方面国际上的很多做法值得我们借鉴，例如，有些国家针对公众实际的生活场景设计了非常细致的金融指导，基本覆盖了普通居民整个生命周期的全部关键环节，包括求学、求职、工作、婚嫁、生育、抚养、创业、退休、养老、丧葬等各种情形下可供选择的金融方案。

（二）缺乏与公众的互动机制

已有很多国家建立了专门的金融科普网站，进入这些网站不仅可以获取各种金融知识，而且可以在线咨询，为公众提供了主动参与和沟通的渠道。我国在这方面存在明显的滞后，直到目前还没有建立专门的网站，金融科普采取的是"搞活动"的方式，尽管在活动中会安排一定的时间进行现场问答，但是只是很简短的即兴交流，其效果是极其有限的。总体上看，是活动组织者在向受众宣传或灌输事先准备的观点或信息，活动过后便全部结束无从联系了，与真正的随时互动不可同日而语，不能有效解决公众的金融困惑，科普互动机制亟待建立。国际经验表明，研究如何拓宽金融知识普及渠道、分析何种传播方式可与公众进行有效互动，研究适宜不同群体的科普方式，对于提高金融科普的效率和效果均十分重要。如今信息传播的手段和媒介繁多，但是不同的传播手段具有不同的适应性和效果。如何发挥各种手段的优势，构建高效率、低成本、即时互动的金融科普渠道是一项重要课题。

六、缺乏相关的评价反馈机制

（一）没有建立相关评价机制

目前我国金融普及宣传教育较多强调过程和形式，只是简单地传播金融知识和政策宣传，缺乏对科普效果和质量的深入评估和反馈。现有的金融教育效果评估往往体现在整理数据资料，如宣传时间和范围、资料发放数量、组织讲座次数和受众人次等，而对公众受教育后的金融知识接受程度、是否真正理解、金融意识和行为有无变化等方面还缺乏全面有效的后续评估、跟踪调查。这对于改进和完善金融科普模式是不利的，它使金融科普长期处于低水平停滞状态。

（二）缺乏必要的反馈渠道

国际经验表明，使公众能够通过正常的渠道向组织者反馈他们的意见或建议，对于促进金融科普的健康发展十分重要。金融科普的目的就是要让公众获得对他们有帮助的金融知识和技术，如果听不到公众的声音，就会脱离公众的实际需求，影响金融科普的质量和效果。有些国家做得就比较好，不仅建立了包括报告机制和反馈回路在内的反馈渠道，而且金融科普领导机构还会主动寻求利益攸关方的意见。我国目前在这方面还存在很大的距离，公众基本上没有可以向上反映意见的渠道。

第二节　改造和完善金融科普模式的政策建议

一、加强对金融科普模式的研究

对已有的理论和实践进行深入的研究，对于推进我国金融科普发展，改进现有金融科普模式，发挥其在维护金融稳定、改善金融生态、促进金融改革等方面的作用，是一项重要的基础性的工作。具体的内容主要包括以下几个方面。

（一）系统总结相关的理论和经验，为改善金融科普模式提供理论依据

对金融科普模式相关的文献进行系统梳理，包括论文、图书、会议资料、统计数据、行业报告以及相关政策文件，对现状做出全面分析，对相关的研究方法、指标体系和案例等进行总结归纳，形成系统性的观点、分析和数据。同时，通过比较分析，对各国所采用的金融科普模式，以及我国不同试点城市金融科普模式和同一城市不同时期的金融科普模式状况进行比较分析，总结金融科普模式在地域上和时间上的规律。通过这些工作，为我国金融科普模式的设计提供理论和经验参照。

（二）加强对我国实际情况的勘测和研究

首先，实地勘察各级各地负责金融科普的机构、科普专家、代表性公众以及其他各利益相关方，进行深度调查和访谈，获取直接证据和相关信息、资料，对现有计划做出考察和判断，了解利益相关者的技术专长水平，并确定良好做法。其次，通过科学的问卷设计，弥补其他形式无法获取的信息，如公众的金融偏好、风险意识、行为习惯、群体特征以及公众获取金融知识的渠道、效果等，以便了解是否需要在某些领域制定具体的指导，以进一步支持利益相关者的努力。再次，对潜在的合作伙伴以及合作途径做出考察，

为设计和随后实施国家战略提供支持。与此同时，查明可能重叠的方案和重复的努力，或利益相关者之间协同增效的潜在机会，以及在提供金融科普方面的差距。最后，可以利用勘测和研究工作的结果为金融科普国家战略的优先事项的制定提供信息，突出国家层面已经解决的主要问题，并对存在的差距和机会做出研判。

（三）改进研究方法和技术路线

国际经验表明，随着国家战略的制定和对个人金融素养和决策过程决定因素的进一步了解，金融工具设计也随之发生了变化和更新。因此，金融科普模式的研究方法和技术路线必须随着实践的发展而不断改进，已经在更大程度上演变为对金融行为和态度的衡量。

1. 应该强化量化研究水平

（1）对于金融科普模式的效果、效率和效益做出正确理解和定位。所谓效果是指科普活动是否达到预期的指标，如有多少人获得了所宣传的知识，以及在多大程度上对目标对象产生了积极作用等。所谓效率是指科普活动所产生的价值与所付出的成本之间的对比关系，达到相同效果所付出的成本越低越好。所谓效益是指科普活动净价值（总价值减去总成本）与总成本的对比关系，效益越高越好。

（2）建立用于考评金融科普模式效果的量化指标，至少应包括覆盖率、触达率、读取率、吸收率这四个指标。所谓覆盖率是指科普模式所覆盖的空间或人口范围的相对大小。所谓触达率是指覆盖范围内的目标人口被吸引的比例。读取率是指被吸引的目标人口读取信息的比例。吸收率是指读取信息的目标人口理解并接受信息的比例。

（3）综合运用各种有效的计量方法对各种指标之间的交互作用关系做出科学的测度，如运用蒙特卡洛模拟、贝叶斯分析、Granger 因果分析、多元回归等多种计量手段，对研究过程中所涉及的指标、因素进行相关性、敏感性等多种量化分析检验，验证理论假设的有效性，去伪存真。另外，以下问题需要注意：其一，对问题进行预先认知测试对于评估问题的适用性尤其重要，特别是对于特定的目标群体，包括服务不足或识字率低的人口；其二，在迅速变化的金融环境中，随着时间的推移一些问题可能会变得多余，有必要更新调查工具；其三，审查和更新问题也是必要的，以确保他们回答了所寻求的问题，并由接受问卷调查的个人正确解释；其四，收集证据所需的时间可能比预期的要长（通常至少持续 6 个月），在规划调查和国家战略时，应仔细考虑到这一点；其五，还应特别考虑样本选择，以确保其反映国内社会文化和经济差异，如果可行的话，进行纵向调查（当通过一段时间的多次调查评估同一个人口样本时）是非常有价值的，这有助于更好地查明消费者行为的趋势以及金融教育政策和方案的效果，但在设计阶段必须适当解决随时间推移跟踪个人的困难；其六，值得强调的是，全面衡量人口金融素养的标准是资源密集型的，不能每年进行一次，补充深入的金融科普测量调查的更定期和更简单的测量工具可能是有益的，这带来了额外的好处，即两个调查类别之间的问题和测量的一致性，也有助于检验来自两种方法的测量结果的有效性。

国际经验表明，定量和定性评估的结果对制定和执行合意的金融科普模式，特别是设计循证路线图和行动计划特别有价值。具体作用包括：①用于突出重点政策领域，并针对每个领域设计适当的材料。②通过确定关键目标群体或优先主题，允许在早期阶段进行详细的优先排序，并使就共同目标达成一致变得更容易和更有说服力。③确保该战略得到健全的政策和媒体支持。④提供关于供应方的有用信息，特别是现有金融产品和服务的适用性，例如，对人口金融知识需求的评估可能会显示，国家金融机构提供的金融产品不能满足人口中重要阶层的需求。

2. 改进金融科普模式的设计理论与方法

众所周知，金融科普涉及上至国家下到个人的利益，如何协调好各方利益直接决定着金融科普的效果，当然这也是个需要深入研究的重大课题，国际上也没有完美的经验。我们认为，把机制设计理论和动态规划方法进行有机结合，以促进金融安全、防范金融骗局和提高公众金融科学素养为导向，综合其他研究方法和结论，并利用相关的数据进行实证检验，是目前能够预见且可行的设计金融科普模式的关键理论，其突出优点是：①允许公共机构更容易地设计和实施中长期可持续的金融科普政策和方案；②有助于公共当局之间的协调，并使建立明确的责任更加容易，尤其当以国家名义公布金融科普模式时更是如此，因为它提高了普通民众的关注；③允许在机构预算内指定专门用于实施金融教育政策和方案的资源（例如，不使用来自一般传播和外联的资源）；④在与政府、其他公共当局以及国家层面的利益相关者接触时，它可以作为促进金融科普政策或其他立法中金融科普部分的参考；⑤为制定私营部门的行为守则以及执行授权私营金融机构开展金融科普方案的条例提供了法律依据；⑥当各机构同时承担金融科普和保护金融消费者的任务时，能够确保建立适当的内部沟通和报告机制，以利用这两项责任之间的协同作用，这影响到人力资源和专门知识的组织方式（如果相关的话，也影响到共享），以及如何在实地实施方案，在实施国家战略时适当考虑到这一点是很必要的。

3. 注意适时改进技术路线

国际经验表明，金融科普模式和行动计划中设定的目标受益于精细化的研究，从清楚而明确的参考指标到金融素养测量时收集的定量证据，以及来自金融市场调查或家庭调查的数据，都具有这方面的作用。这些参考资料提供了基准，使衡量金融科普带来的变化和显示其进展变得更容易。它们还允许制定切合实际、基于国情的目标。现实的成功标准，无论是定量的还是定性的，还可以有效地分配给行动计划中的每一个目标。一套明确的结果，用以描述金融科普模式将以对利益相关者有意义的方式促成的改变，这有助于使金融科普模式和行动计划更加注重成果和可操作性。在确定支持该金融科普模式的方案时，向参与方案实施的组织提供指导也很重要，在与有关组织进行协商时这一点十分突出，这也有助于就国家战略的目标以及实现这些目标的最佳途径达成共识。

因此，关于研究金融科普模式的技术路线，应该注意以下问题：①应包括评估和修订战略的正式时间表（除非通过既定决策结构不断进行修订）；②在编制国家战略时，应设计、预估监测和评估国家总体战略的方法及工具，并应包括在其路线图和行动计划中；③国家战略的评估可以通过反复调查进行定量评估，并辅以定性信息，例如通过参与方案实施的利益攸关方及其目标受众的咨询和反馈，以及利用具体方案评估的证据；④使用金融知识和行为指标还可以使公共当局跟踪变化，为监测战略提供附加值；⑤在全国范围内采用标准化的指标和评价方法有好处，以便能够比较和更有效地分析实施金融科普方案的各种私营和非营利利益攸关方的评价和监测数据；⑥金融科普核心能力的发展可以支持评估，因为它们确定了衡量进展的共同金融素养目标；⑦不应忽视良好报告对衡量国家战略执行进展的重要性；⑧应鼓励各执行机构提供所开展活动的最新情况以及评价证据，并在国家和相关国际场合报告其他必要的重要信息，以跟踪战略的影响和了解哪些工作有效。

综上所述，本书认为金融科普模式的研究应遵循以下技术路线（其基本结构如图7-1所示）：首先通过文献调研法、比较分析法、实地调研和访谈、问卷调查法等方法对金融科普模式现状及问题、金融骗局形式及成因进行研究；其次对获取的原始数据资料使用Granger因果分析、蒙特卡洛模拟、贝叶斯分析、多元回归分析等计量方法进行定量研究；最后，在此基础上综合运用机制设计理论和动态规划方法，设计出防范金融骗局的科普模式，并根据实践的发展进行改进。

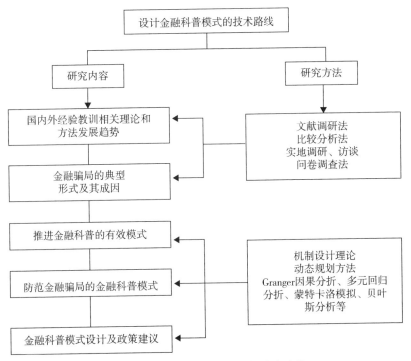

图 7-1　金融科普模式设计的技术路线

二、制定金融科普国家战略，建立高效金融科普模式

（一）充分认识金融科普的重要意义，适时推出金融科普国家战略

从安全的角度看，金融安全是国家安全的重要组成部分，对国计民生和社会稳定具有重大而深刻的影响，是国家治理体系和治理能力现代化的重要方面，应该高度重视并采取有效措施加以捍卫。当前及今后相当长的时期里，金融骗局是威胁金融安全的重要风险源，需要高度防范。金融科普通过提高全民金融素质，达到促进金融安全、降低公民受骗上当的概率的目的，从而为国家安全和社会和谐做出贡献。从人的全面发展和社会福利的角度看，借助金融资源实现资源的优化配置，提高自身福利水平，是公民的基本权利，也是社会的基本责任，因此普惠金融的概念一经提出就得到了全球的积极响应。金融科普通过提高公民的金融素质，可以为普惠金融的推进、个人及社会整体福利的提高，做出不可替代的贡献。

（二）明确金融科普责任主体，完善金融科普体制

以上分析表明，金融科普责任主体缺失是造成科普效果低下的根源。因此，改造和完善金融科普体制是提高科普效率的关键，亟须建立相关体制机制，保障金融科普的高效实施，尤其做到金融科普的组织化、专业化、制度化、程序化。

体制构造上，建议在现有的金融监管框架内建立国家、省（区市）和地方统一协调的金融安全教育和金融知识普及组织体系，建立从全国到地方的多层次科普网络化实体服务平台，由专门的机构负责运行和管理，并由特定的机构评价、监督、问责，服务方式包括网站宣传、电话咨询、人工咨询等多种方式。

运行机制上，建议在国务院金融稳定发展委员会内增添一项职能，即负责指导和检查全国范围内的金融安全教育和金融知识普及状况，监督各省（区市）金融安全教育和金融知识普及负责机构的工作；各省（区市）相关机构负责本辖区内的金融安全教育和金融知识普及的任务并指导具体承办机构的工作。可以考虑把目前"一行两会"等部门分别牵头的金融知识普及职能整合为一体，作为最高的金融安全教育和金融知识普及的直接领导机构，

直接向国务院金融稳定发展委员会汇报，各省（区市）金融局（办）设立相应的对口机构，各县（市）设立相应的落实机构。在此基础上，建议设立金融科普专项资金，促进系统性和高效率的金融科普活动的开展，同时鼓励和引导科普机构、金融机构等的参与，促进金融科普事业向高效和可持续方向发展。

与金融安全同等重要的是金融效率，金融系统是整个经济体系的发动机，担当配置资源的重任，一个高效的金融系统不仅是国家发展所必需的，而且为社会运转和人民福利提供强大支持。金融安全与金融效率既相互制约又相互支持，二者如车之两轮不可偏废。高效的金融科普模式的建立，将有助于实现金融安全与效率的双赢。

参考文献

［1］ OECD. National Strategies for Financial Education：OECD/INFE Policy Handbook，2015.

［2］ Atkinson A，Messy F－A. Promoting Financial Inclusion through Financial Education：OECD/INFE Evidence，Policies and Practice ［J］. OECD Working Papers on Finance，Insurance and Private Pensions，2013（34）.

［3］ Russia's G20 Presidency，OECD. Advancing National Strategies for Financial Education，2013.

［4］ 王正位，王新程，廖理. 信任与欺骗：投资者为什么陷入庞氏骗局？——来自e租宝 88.9 万名投资者的经验证据 ［J］. 金融研究，2019（8）：96-112.

［5］ 林雯，黄坤，王琦. 互联网环境下证券投资咨询乱象分析及监管建议 ［J］. 证券市场导报，2019（7）：73-78.

［6］ 周晓春，邹宇春，黄进. 青年的金融风险、金融能力和社会工作干预 ［J］. 青年研究，2019（3）：69-81，96.

［7］ 曹源芳，蒋志芬. 非法集资风险的防范化解 ［J］. 中国金融，2019（4）：85-86.

［8］ 徐凌波. 金融诈骗罪非法占有目的的功能性重构——以最高人民检察院指导案例第 40 号为中心 ［J］. 政治与法律，2018（10）：31-42.

［9］ 唐岫立. 道德风险与金融发展 ［J］. 中国金融，2018（17）：104.

［10］ 彭新林. P2P 网络借贷平台非法集资行为刑事治理问题要论 ［J］. 北京师范大学学报（社会科学版），2017（6）：121-130.

[11] 武天欣，蔡仲. 警惕伪"科技创业"——对"塞拉罗斯现象"的分析 [J]. 自然辩证法研究，2017，33（11）：53-57.

[12] 詹子友. e租宝非法集资的监管视角 [J]. 中国金融，2017（17）：96-97.

[13] 王新. 电信诈骗为何屡禁不止，如何根治 [J]. 人民论坛，2017（1）：92-93.

[14] 阎波，王志强. 投资+旅行视角下的新型家庭理财观探析 [J]. 兰州学刊，2018（11）：154-164.

[15] 龚强，王璐颖. 普惠金融、风险准备金与投资者保护——以平台承诺担保为例 [J]. 经济学（季刊），2018，17（4）：1581-1598.

[16] 姚良，陈文. 美国P2P监管的启示 [J]. 中国金融，2015（7）：63-64.

[17] 苏薪茗. 银行理财产品是庞氏骗局吗？——基于中国银行业理财产品市场的实证分析 [J]. 金融论坛，2014，19（11）：43-52.

[18] 李秀辉. 经济泡沫迷局的现代性求解 [J]. 现代经济探讨，2012（11）：24-28.

[19] 马耀邦，林贤剑. 美国发展模式的破产与中国新发展方式 [J]. 国外理论动态，2011（12）：130-133.

[20] 邓翔，谭璐."金融不稳定假说"的逻辑线索及现实意义 [J]. 西南大学学报（社会科学版），2010，36（4）：128-131.

[21] 廖福辉. 关注县域金融风险 [J]. 中国金融，2019（14）：95-96.

[22] 王端行，陈恒有. 打击非法网络炒汇刻不容缓 [J]. 中国金融，2019（13）：102.